TÉCNICAS CULINARIAS - LE CORDON BLEU

Jeni Wright y Eric Treuillé

# HORTALIZAS Y ENSALADAS

TÉCNICAS CULINARIAS - LE CORDON BLEU
Jeni Wright y Eric Treuillé

# HORTALIZAS Y ENSALADAS

**BLUME**

**BLUME**

Título original:
*Le Cordon Bleu Techniques and Recipes:*
*Vegetables & Salads*

**Traducción:**
Rosa Cano Camarasa

**Revisión técnica de la edición en lengua española:**
Ana M.ª Pérez Martínez
Especialista en temas culinarios

**Diseño de la cubierta:**
Gloria Rosales
Inés Casals Salamanca-Molina

**Coordinación de la edición en lengua española:**
Cristina Rodríguez Fischer

*Primera edición en lengua española 1999*
*Reimpresión 2003*

*(Obra completa: Le Cordon Bleu - Guía Completa*
*de las Técnicas Culinarias)*

© 1999 Art Blume, S. L.
Av. Mare de Déu de Lorda, 20
08034 Barcelona
Tel. 93 205 40 00  Fax 93 205 14 41
E-mail: info@blume.net
© 1996 Carroll & Brown Limited/Le Cordon Bleu BV

I.S.B.N.: 84-95939-58-4
Depósito legal: B. 5.333-2003
Impreso en Edigraf, S. A., Montmeló (Barcelona)

# CONTENIDO

# ELEGIR LAS HORTALIZAS

Escoja hortalizas de temporada, que son las más frescas y las más fáciles de encontrar, además
saben mejor y son más nutritivas. Siempre hay que elegir hortalizas que tengan un aspecto fresco
y con hojas de colores vivos. No hay que comprar las que tengan manchas marrones, hojas
marchitas y carne magullada o blanda.

LAS ZANAHORIAS han de verse
frescas, con las hojas sanas
y no descoloridas o marchitas

LAS CEBOLLAS han de tener
una piel seca y fina; las rojas no
deben tener manchas marrones

LAS PATATAS han de ser duras y
bien formadas, sin ojos ni puntos
verdes

LA PIEL DE TOMATE ha de
ser lisa y firme, sin cortes
ni golpes

## RAÍCES Y TUBÉRCULOS

Las zanahorias, las patatas, las
remolachas, los nabos, los apionabos
y los rábanos han de tener una
carne pesada y fuerte y la piel sin
arrugas.

## CHAMPIÑONES

Escoja champiñones duros y frescos
que tengan una suave pelusilla y un
olor fresco. El extremo del tallo ha
de estar húmedo; si está seco,
quiere decir que la seta ya no es tan
fresca.

## CEBOLLAS

Escoja bulbos firmes de piel
uniforme sin brotes. No compre las
que estén húmedas o huelan
a moho. Los puerros y las cebollas
tiernas han de tener las hojas verde
oscuro y las raíces de aspecto fresco.

## HORTALIZAS DE FRUTO

Los tomates, las berenjenas, los
pimientos y los aguacates han de tener
la piel fuerte, lisa y brillante y un color
profundo y uniforme. No compre los
que estén blandos o arrugados.

# ENSALADAS DE HOJA

Elija lechugas y berros que huelan a fresco y que tengan la superficie ligeramente húmeda. Compruebe que el cogollo esté bien formado. Las hojas no han de estar marchitas ni tener manchas marrones.

# HORTALIZAS DE HOJA

Compre las endibias, las acelgas y las espinacas con las hojas tiesas, frescas y verdes. Las hojas han de notarse elásticas al tacto; no compre las que tengan las hojas marchitas. No han de tener comeduras de insectos.

# TALLOS Y BULBOS

El apio, la alcachofa, el hinojo, el espárrago y la achicoria han de estar bien cerrados, con el cogollo turgente y sin manchas marrones en las capas exteriores.

LOS ESPÁRRAGOS han de tener tallos regordetes con las yemas bien cerradas y del mismo tamaño y color

LAS HORTALIZAS DE HOJA han de tener un cogollo bien formado y unas hojas con las puntas frescas

LOS GUISANTES no han de tener partes secas o marrones

LAS HOJAS DE ESPINACAS son más buenas si son pequeñas y húmedas y de tallos finos

# VAINAS Y SEMILLAS

Escoja guisantes y judías que tengan la vaina bien verde y que estén llenos. El maíz dulce ha de tener la farfolla verde y pegada y las semillas redondas y brillantes.

# LAS COLES

La coliflor, el brécol, las coles de Bruselas y la col han de tener el cogollo compacto y sin dañar. Las hojas exteriores no han de estar marchitas o amarillas. Los tallos han de ser húmedos y recién cortados.

EL BRÉCOL púrpura ha de tener ramitos oscuros bien formados y apretados, tallos firmes y sin manchas amarillentas

# LAS COLES

A esta gran familia de verduras pertenecen la col, la coliflor, el brécol y las coles de Bruselas, además de otras variedades orientales como *pe-tsai* y *pak choi*.

## MANTENER EL COLOR DE LA LOMBARDA

*Una vez que se ha cortado, la lombarda tiende a volverse azul o púrpura. Con esta sencilla técnica conserva su color rojo.*

**1** Vierta vinagre de vino tinto caliente sobre la col cortada en tiras (unas 4 cucharadas es suficiente para la mitad de una col pequeña). Mezcle bien, déjela reposar 5-10 minutos y escurra el vinagre.

**2** Sirva la lombarda cruda con una vinagreta y un poco de perejil picado espolvoreado por encima; también la puede servir con platos guisados.

## SACAR EL CORAZÓN DE LA COL

*El corazón blanco y compacto que se encuentra en el centro de la col es muy duro y no se puede comer, por lo tanto hay que quitarlo para cortar bien la col y para que cueza uniformemente.*

Quite las hojas exteriores y las estropeadas. Corte la col longitudinalmente en cuartos con un cuchillo de cocinero. Corte la base de cada cuarto en ángulo para quitar el corazón duro. La col ya está lista para cortarla en tiras.

## CORTAR LA COL EN TIRAS

*Después de cuartear la col y de sacarle el corazón (véase superior), se puede cortar en tiras para servirla cruda en cualquier tipo de ensalada y en ensaladas de col (véase inferior), o para freírla, cocerla al vapor o incorporarla a sopas, por ejemplo en una minestrone. Se puede cortar a mano o con un robot eléctrico.*

## A MANO

Ponga los cuartos de col sobre una tabla. Córtelos transversalmente para obtener tiras uniformes.

## CON UN ROBOT

Con el robot en funcionamiento, introduzca un cuarto de col para que la máquina lo corte a tiras finas.

## COMBINAR COLORES

*Con la mezcla colorista de col lombarda, col blanca y col verde y de sus diferentes texturas y sabores se prepara una excelente y bonita ensalada de invierno.*

Corte la col a mano o con el robot (*véase* superior) y póngala en un cuenco. Alíñela con una vinagreta, un aliño cocido o una mayonesa.

# PREPARAR EL BRÉCOL Y LA COLIFLOR

*Las inflorescencias y los duros tallos del brécol y la coliflor necesitan diferentes tiempos de cocción, por lo tanto, hay que separarlos antes de cocerlos. Aquí hemos empleado brécol.*

**1** Sujete la hortaliza sobre un colador, corte las inflorescencias y deje el tallo. Divida las inflorescencias grandes en otras más pequeñas.

**2** Quite las hojas del tallo. Pele la capa dura exterior con un mondador y corte el tallo longitudinalmente por la mitad.

**3** Ponga el tallo con la parte cortada hacia abajo y corte los extremos. Córtelo de forma longitudinal en lonchas, corte éstas en palitos.

## HORTALIZA SUPERESTRELLA

Las coles son una buena fuente de vitamina C y de minerales, pero el brécol en particular contiene muchos nutrientes vitales.

- 100 g de brécol contienen más de la mitad de la cantidad de vitamina C que hay que tomar cada día.
- El brécol contiene mucho caroteno, sustancia que si se consume en grandes cantidades puede proteger contra el cáncer y las enfermedades coronarias. El brécol contiene mucho ácido fólico, sustancia que el organismo necesita para formar el ADN y procesar las proteínas.
- El brécol tiene, en cantidades significativas, hierro, potasio y cromo.

# PREPARAR LAS COLES DE BRUSELAS

*Para que las coles más grandes se cuezan bien, practique dos cortes en forma de cruz en la base. No lo haga en las coles pequeñas.*

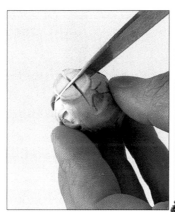

Con un cuchillo de cocinero, haga dos cortes en forma de cruz en la base de la col. No haga los cortes muy profundos porque la col se podría romper durante la cocción. Recorte la base y quite las hojas exteriores descoloridas.

## TRUCOS DE COCINERO

### EVITAR LA DECOLORACIÓN

Las hortalizas blancas, como la coliflor de la fotografía, se suelen decolorar cuando se cortan y se exponen al aire. Para evitar que esto suceda, ponga la hortaliza preparada en una fuente con agua fría y añada 1 cucharada de zumo de limón o de vinagre de vino blanco. Así se acidula el agua y se conserva el color de las hortalizas.

**De izquierda a derecha:** brécol, coles de Bruselas, coliflor

# HORTALIZAS DE HOJA

Aunque se preparan más o menos de la misma manera, estas hortalizas ofrecen una amplia gama de sabores y texturas. Las variedades jóvenes y tiernas suelen tener un sabor suave y se pueden comer enteras y crudas. A las hojas más grandes y con una textura más dura se les ha de quitar el tallo antes de cocerlas.

## OTRAS HORTALIZAS DE HOJA

Las hortalizas de hoja tienen sabores muy distintos que van desde el sabor dulzón y a tierra de algunas, al sabor acre y picante de otras. Todas hay que limpiarlas y enjuagarlas muy bien antes de cocinarlas.

ACEDERA: los tallos de esta hortaliza áspera y ácida han de recortarse antes de comerla cruda o en platos cocinados.

ACELGA: separe las hojas del tallo central blanco; tanto las hojas como los tallos se pueden cocinar.

DIENTE DE LEÓN: a esta hortaliza de hoja dentada hay que quitarle la raíz antes de cocinarla. Las variedades cultivadas tienen un sabor más suave que las silvestres. Se puede comer cruda o cocida.

HOJAS DE VID: estas hojas sirven para envolver otros alimentos. Las hojas frescas se han de blanquear y las que están en salmuera se han de enjuagar.

PAK-CHOI: esta hortaliza de sabor fuerte y picante queda mejor cocida. Antes de cocerla hay que cortar el tallo.

## PREPARAR LAS ESPINACAS

*Las hojas de las espinacas jóvenes son tiernas y se pueden comer enteras, crudas o cocidas. Las variedades más maduras tienen un tallo duro que se ha de recortar un poco antes de cocer brevemente las hojas en el agua que queda en éstas al lavarlas. Una técnica muy atractiva para presentar las espinacas crudas o ligeramente salteadas es la clásica* chiffonade *que ilustramos a continuación.*

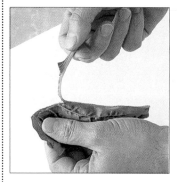  

**1** Doble las hojas de las espinacas longitudinalmente por la mitad por el nervio central, con éste hacia fuera. Estire el nervio y arránquelo de la hoja.

**2** Amontone unas cuantas hojas y enróllelas longitudinalmente formando un cilindro. Sujételo con una mano.

**3** Corte el cilindro transversalmente con un cuchillo de cocinero y, con los nudillos como guía, corte tiras finas.

**De izquierda a derecha:** acedera, *pak-choi*, acelga, diente de león, espinaca

# TALLOS Y BULBOS

Estas hortalizas son jugosas, crujientes y versátiles. Crudas, por ejemplo el apio y el hinojo, son crujientes y dulces; por el contrario, cocidas, tienen un sabor profundo.

## PREPARAR LOS ESPÁRRAGOS

*Siempre hay que elegir los espárragos verdes, con tallos uniformes y lisos y yemas bien cerradas. Los espárragos muy finos, muy apreciados por su sabor punzante, se preparan como aquí, pero no hay que pelarlos como en el paso 2. Para saber cómo se preparan los espárragos blancos, véase recuadro, derecha.*

1 Corte los extremos duros y pálidos de los espárragos. El tallo se ha de cortar fácilmente por donde empieza la parte pálida. Lávelos bien con agua fría y quíteles con cuidado la suciedad que puedan tener.

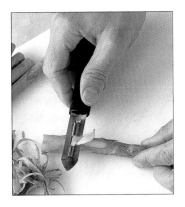

2 Con un mondador, pele la piel dura de la mitad inferior del tallo.

3 Recorte las hojas puntiagudas de las yemas con la punta de un cuchillo pequeño.

4 Ate los espárragos en pequeños hatillos fáciles de manejar. Para cocinarlos, *véase* página 34.

### OTROS TALLOS Y BULBOS

ACELGA SUIZA: pertenece a la familia de la remolacha y tiene unas nerviaciones blancas y unas hojas duras. Cueza los tallos enteros o troceados al vapor. Las hojas se cuecen por separado, y muchas veces se utilizan para sustituir a las espinacas.

CARDO: el cardo es una hortaliza muy apreciada en el Mediterráneo que por su aspecto se parece al apio pero pertenece a la misma familia que la alcachofa, aunque su sabor sí que se parece a ésta. Para limpiarlo, tire los tallos exteriores, arranque algunas hojas y pele los hilos de las nerviaciones. Los tallos se oxidan cuando les toca el aire; para evitarlo hay que ponerlos en agua acidulada. Quedan mejor hervidos.

ESPÁRRAGOS BLANCOS: este tipo de espárrago es muy apreciado en Europa. Crece debajo de la tierra, es grueso y tiene la yema amarilla. Se ha de pelar y cocer el doble de tiempo que el verde (*véase* página 34).

## PREPARAR EL APIO

*Compre sólo apio crujiente que se parta fácilmente. La flexibilidad de los tallos indica que no es fresco. Antes de comerlo crudo o cocido se han de quitar los hilos de los tallos exteriores.*

Corte las puntas superiores del apio y el extremo de la raíz, quite las hojas verdes y resérvelas como guarnición. Separe los tallos. Quite los hilos duros de los tallos con un mondador.

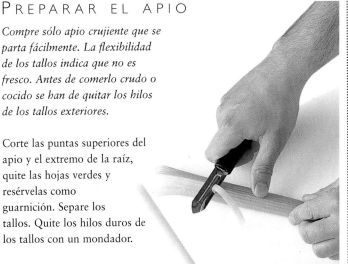

## PREPARAR EL HINOJO

*Ponga los trozos de hinojo cortado en agua helada pues se oxidan cuando están expuestos al aire. Enjuague el bulbo.*

Para trocearlo, córtelo longitudinalmente por la mitad y corte cada una a cuartos. Para cortarlo en rodajas, corte el bulbo longitudinalmente por la mitad y ponga la parte cortada hacia abajo. Córtelo transversalmente en rodajas.

# ALCACHOFAS

La alcachofa pertenece a la familia de los cardos. Lo que nos comemos son en realidad los capullos de las flores, que se pueden utilizar de diferente manera según la forma en que se preparen. La alcachofa se puede guisar entera o sólo el corazón.

## ALCACHOFAS ENTERAS

Las alcachofas enteras hervidas se suelen utilizar como recipientes para aliños, en los que se mojan las hojas exteriores. Aquí damos algunas ideas para aliños y unos rellenos más sustanciosos.

- Vinagreta.
- Carne de cangrejo desmenuzada mezclada con mayonesa y zumo de limón.
- Mantequilla de limón condimentada con cebollinos picados.
- Salsa holandesa realzada con mostaza de Dijon y ralladura de naranja.
- Ajoaceite.
- Pesto mezclado con tomate finamente picado y vinagre de vino tinto.
- Aliño de crema de leche o queso fresco condimentado con estragón fresco.

## PREPARAR Y COCER LAS ALCACHOFAS ENTERAS

*En las alcachofas maduras, el corazón tierno y el heno central están rodeados por hojas muy apretadas. Sólo son comestibles la base de estas hojas, el corazón y a veces el tallo (véase recuadro, inferior). Las alcachofas maduras siempre se sirven cocidas.*

**1** Sujete la alcachofa con fuerza y corte el tallo por la base, estirando las fibras duras unidas a él.

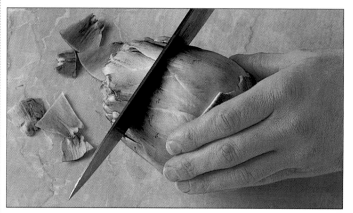

**2** Corte la parte superior de la alcachofa y quite las hojas duras exteriores. Ponga las alcachofas en una cacerola con agua salada hirviendo con el zumo de 1 limón. Ponga un plato encima para que no suban y hiérvalas de 25 a 30 minutos, según su tamaño.

**3** Para saber si están cocinadas, estire con cuidado una de las hojas: ha de salir sin problemas.

## TRUCOS DE COCINERO

### NO HAY QUE TIRAR NADA

Los tallos de las alcachofas muy frescas y tempranas son deliciosamente tiernos una vez cocidos si se han preparado bien.

Como mejor quedan es sencillamente pelando la capa fibrosa exterior con un cuchillo pequeño y después cortando longitudinalmente por la mitad. Cuézalos en agua salada hirviendo con un poco de zumo de limón para que conserven su color.

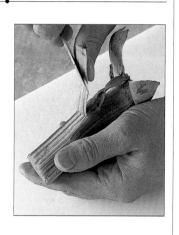

**4** Saque el cono central de hojas y resérvelo. Quite el heno con una cuchara y tírelo.

**5** Ponga el cono de nuevo en la alcachofa. Con una cuchara, vierta el relleno de su elección (*véase* recuadro, superior izquierda).

# PREPARAR LOS CORAZONES DE ALCACHOFA

*El corazón es la parte más tierna y más deliciosa de la alcachofa y muchas veces se come sólo sin las hojas exteriores. En la cocina francesa clásica, los corazones se hierven en un blanc (agua, harina y zumo de limón) para que conserven su color, pero esto no es esencial. Una vez cocidos, sirva los corazones enteros con una salsa, con un relleno en el centro o cortados en rodajas y aliñados.*

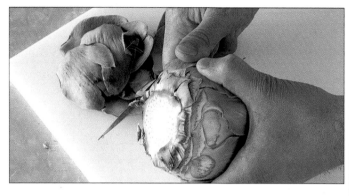

**1** Corte con cuidado las hojas exteriores duras de la alcachofa. Parta los tallos con la mano y corte la base para que quede plana.

## ALCACHOFAS TEMPRANAS

Las alcachofas tempranas son una exquisitez. Se pueden comer enteras con el tallo, las hojas e incluso el heno central, que apenas se ha desarrollado. A continuación damos algunas sugerencias para servirlas.

• Hiérvalas 3-4 minutos hasta que estén tiernas, cuartéelas y sírvalas templadas con una vinagreta .

• Córtelas crudas muy finas, mézclelas con aceitunas y tomates cereza y aliñelas con aceite de oliva virgen y sal marina.

• Fríalas enteras en aceite de oliva para elaborar la especialidad italiana *carciofi alla giudea*. Pártalas por la mitad y hornéelas con una salsa de tomate fresco, ajo, aceite de oliva y albahaca.

• Cuézalas hasta que estén tiernas en agua con aceite de oliva, zumo de limón, tomillo, hojas de laurel y granos de cilantro para hacer *artichauts à la grecque*. Déjelas enfriar en el líquido antes de escurrirlas y servirlas.

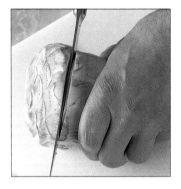

**2** Sujete la alcachofa con fuerza y corte un tercio de la base cuidando no incluir el corazón; tire los dos tercios superiores.

**3** Ponga los corazones de alcachofa en agua fría con medio limón. De esta forma evitará que se oxiden.

**4** Ponga los corazones en una cacerola con agua hirviendo salada con un plato por encima para que no suban a la superficie y cuézalos de 15 a 20 minutos.

**5** Para comprobar si están hechos, perfore un corazón con la punta de un cuchillo pequeño y afilado. Escúrralos bien. Cuando estén lo bastante fríos para poder cogerlos, saque el heno central con un vaciador y tírelo.

# RAÍCES Y TUBÉRCULOS

La remolacha, la zanahoria, la chirivía, el nabo, el rábano y el salsifí crecen debajo de la tierra, de ahí su nombre y su constitución dura y fibrosa. El apionabo, las aguaturmas y el colinabo se incluyen en la misma categoría y emplean técnicas similares.

## CORTAR EN JULIANA

*La mayoría de raíces, como este nabo, tienen una carne compacta muy apropiada para cortarla en tiras largas y finas denominadas juliana. Preparadas así, solamente hay que cocerlas brevemente; hervidas, al vapor o salteadas, son apropiadas para guarnición.*

**1** Pele la hortaliza y córtela en rodajas finas con un cuchillo de cocinero.

**2** Amontone las rodajas, unas cuantas cada vez, y córtelas en tiras uniformes largas y finas.

## CORTAR EN DADOS

*Con esta forma de cortar la verdura se obtienen dados del mismo tamaño que se cuecen rápidamente. Las hortalizas troceadas en dados se suelen utilizar como base de sopas y de guisos y van muy bien para reducirlas a puré. Aquí se ilustra un boniato.*

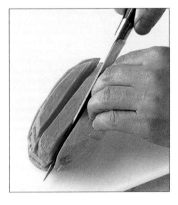

**1** Pele el boniato y córtelo en rodajas uniformes. Apile las rodajas, unas cuantas cada vez, y córtelas longitudinalmente en tiras iguales.

**2** Para hacer dados del mismo tamaño, corte las tiras transversalmente. El tamaño de los dados puede variar (*véase* recuadro, derecha).

## CORTAR GIRANDO

*Con este método, muy utilizado en la cocina oriental, se obtienen trozos uniformes con la máxima área de superficie. Las hortalizas así troceadas quedan muy bien fritas y salteadas. Las raíces largas como la zanahoria que vemos aquí son las más apropiadas para esta técnica.*

Pele la raíz y corte los dos extremos. Empezando por una punta, corte en un ángulo de 45°. Gire la zanahoria 90° y vuelva a cortar en el mismo ángulo. Repita la operación hasta que haya cortado toda la zanahoria.

---

### TRUCOS DE COCINERO

#### PREPARAR *MIREPOIX Y BRUNOISE*
*Estas hortalizas cortadas en dados son típicas de la cocina francesa. La mirepoix, un aromatizante básico en sopas y guisos, se llama así por su creador, el duque de Lévis-Mirepoix quien vivió durante el siglo XVIII. La brunoise es la clásica guarnición del consomé.*

La *mirepoix* es una mezcla de hortalizas crudas, zanahoria, cebolla y apio, cortadas en dados. A veces también se pone puerro.

La *brunoise* consiste en zanahoria, apio, puerro o calabacín crudo troceados en dados muy pequeños. Se pueden utilizar por separado o mezcladas.

# HACER LAZOS

*Los lazos son tiras muy finas que se obtienen con un mondador de hortalizas. Esta técnica es perfecta para los tubérculos largos, especialmente zanahorias, porque tienen una textura dura y fibrosa, y también para los calabacines. Utilice los lazos de hortalizas como acompañamiento en ensaladas y en platos salteados. Quedan muy bien como guarnición.*

Pele la hortaliza y tire la piel. Sujétela bien con una mano y córtela longitudinalmente con un mondador presionando con fuerza. Si los lazos no se van a utilizar inmediatamente, póngalos en agua helada.

MANDOLINA

Para cortar hortalizas duras como las raíces y los tubérculos se puede utilizar una mandolina, *mandoline* en francés. La mandolina profesional es de acero inoxidable (*véanse* inferior y página 17); tiene una cuchilla lisa y unas rayadas para preparar *pommes gaufrettes* (*véase* página 17). También tiene un protector para proteger los dedos y sujetar las hortalizas.

Las mandolinas más sencillas son de madera con cuchillas de acero inoxidable (*véase* superior). Puede utilizar la mandolina para cortar con mucha rapidez, colocando la hortaliza encima y moviéndola hacia adelante y hacia atrás sobre la cuchilla. Se pueden ajustar las cuchillas para regular el grosor de las rodajas.

# TORNEAR

*Con esta sencilla técnica se «reconvierten» las verduras en pulidas formas de barril o de aceituna, normalmente con cinco o siete lados, para que parezcan verduras tempranas. En la fotografía se ha torneado un nabo y una zanahoria, pero se pueden preparar de esta manera patatas, apionabo, calabacines y pepinos.*

**1** Cuartee las verduras y las tubulares como las zanahorias en tiras de 5 cm.

**2** Con cuidado y con un cuchillo de pelar, corte los bordes puntiagudos para que queden redondeados.

**3** Monde la verdura desde el extremo superior hasta el inferior, dándole ligeramente la vuelta después de cada corte hasta que tenga forma de barril.

# PREPARAR LAS HORTALIZAS NUDOSAS

*El apionabo, la aguaturma y el colirrábano son raíces nudosas que parecen difíciles de preparar, pero la técnica que se utiliza es increíblemente sencilla. Primero hay que pelar la piel con un cuchillo pequeño de pelar, después se corta en rodajas, a trozos, en tiras o se ralla, según para lo que se vaya a utilizar (véase recuadro, derecha). Una vez cortados, ponga los trozos en agua acidulada para que no se oxiden (véase recuadro, página 9).*

**RODAJAS DE COLIRRÁBANO**
Corte el colirrábano por la mitad, ponga cada mitad con la parte cortada hacia abajo sobre una tabla y córtela en cuartos.

**TIRAS DE APIONABO**
Coloque la cuchilla agujereada de la mandolina (*véase* recuadro, superior) a 5 mm de grosor. Pase el apionabo por la cuchilla.

HORTALIZAS NUDOSAS

A pesar de su apariencia, son tan versátiles como las patatas.

- Córtelas en rodajas o a trozos y hiérvalas o cuézalas al vapor. Sazónelas con mantequilla o aceite de oliva y hierbas frescas picadas.
- Córtelas en rodajas o a trozos y escáldelas. Áselas con hierbas y condimentos.
- Córtelas en rodajas o a trozos. Hiérvalas y redúzcalas a puré con mantequilla o aceite de oliva, ajo machacado y condimentos.
- Córtelas a tiras o rállelas crudas y aliñelas con vinagreta o mayonesa.

# PATATAS

Aunque las patatas pueden ser de diversas formas y colores (*véase* recuadro, página siguiente), hay dos clases básicas, las céreas y las harinosas. Para obtener los mejores resultados es crucial escoger la variedad apropiada. Las patatas céreas tienen mucha agua y poco almidón y van muy bien para saltearlas, hervirlas y en ensalada. Las variedades harinosas tienen más almidón y, por lo tanto, una textura más ligera y esponjosa. Son las mejores para hornear y quedan muy cremosas en purés y gratinadas.

## HORTALIZA EXÓTICA

La patata es una hortaliza muy común en la actualidad, pero en una época era tan exótica como lo son hoy el ñame y el taro. La patata era el alimento básico de los incas que los españoles introdujeron en Europa en el siglo XVI. Sorprendentemente, en un principio sólo se consideraban buenas para los animales y se creía que eran las responsables de enfermedades como la lepra.

*Sir Francis Drake (1540-1596)*

## CEPILLAR LAS PATATAS

*La piel de la patata está llena de nutrientes y de sabor, por eso es mejor no quitarla. Es preferible cepillar bien las patatas.*

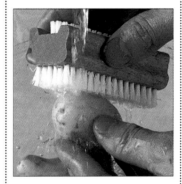

Ponga la patata debajo del grifo y quítele los ojos con la punta de un cuchillo. Restriegue bien la piel con un cepillo duro para quitarle la tierra.

## PREPARAR PARA ASAR

*Las patatas se pueden asar peladas o sin pelar. Las patatas pequeñas se pueden dejar enteras, pero las grandes es mejor prepararlas al estilo hasselback. Las pommes châteaux tienen la forma típica francesa. En las páginas 36 y 37 se explican dos técnicas diferentes para asar las patatas.*

**HASSELBACK**
Corte la base de la patata para que se mantenga estable. Haga finos cortes paralelos desde una punta hasta la otra.

**POMMES CHÂTEAUX**
Con un cuchillo de cocinero, cuartee longitudinalmente la patata. Quite el borde plano de cada cuarto para redondearlo.

## PINCHAR PARA HORNEAR

*Las patatas grandes y harinosas son las mejores para hornear con la piel. Para que no se abran durante la cocción, hay que pinchar la piel con un tenedor. Si se quiere, se puede restregar con aceite y sal para que la piel quede crujiente o se pueden hornear sobre un lecho de sal. También se pueden ensartar en broquetas de metal —de esta forma el calor pasa más rápidamente por el centro de la patata.*

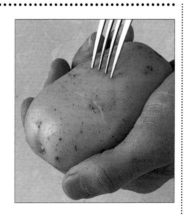

Restriegue las patatas (*véase* superior) y pínchelas por todas partes con un tenedor. Hornéelas a 220 °C de 1 a 1 ¼ horas.

## PREPARAR POMMES PARISIENNES

*Ésta es la forma típica francesa de preparar patatas para saltear. El nombre proviene de la cuchara para hacer bolas de melón que se llama* cuillère parisienne *o cuchara parisina. Con ella se hacen pequeñas bolas que se cocinan en mantequilla o en una mezcla de mantequilla y aceite, hasta que están doradas. Las mejores patatas para cocer de esta forma son las grandes y harinosas.*

Introduzca una cuchara para hacer bolas de melón en una patata y haga tantas bolas como pueda. A medida que las haga, póngalas en agua fría.

# PREPARAR LAS PATATAS PARA FREÍRLAS

*Hay muchas formas de cortar las patatas para freírlas, desde las típicas patatas largas hasta las elaboradas patatas con forma de celosía o gaufrettes. Las patatas, de tamaño y grosor similar, se suelen pelar primero. Después se ponen en agua fría para que no se oxiden y también para eliminar parte del almidón y para que queden más crujientes. Por último se escurren y se secan bien antes de ponerlas en el aceite caliente; para las técnicas que se utilizan para freír patatas, véase página 39.*

## A MANO

*Se puede utilizar un afilado cuchillo de cocinero para cortar tiras gruesas como las pommes pont neuf que vemos en la fotografía. Las pommes frites y las allumettes también se pueden cortar a mano, pero se cortan mejor con una mandolina.*

### POMMES PONT NEUF

Estas patatas se llaman igual que el puente más antiguo de París. Recorte los extremos de la patata para obtener un bloque rectangular y córtelo en rodajas de 1 cm de grosor. Amontone las rodajas y córtelas en tiras de 1 cm de anchura.

## MECÁNICAMENTE

*La mejor forma para cortar las típicas patatas fritas muy finas es utilizando una mandolina, aparato con diferentes cuchillas. Para más información sobre las mandolinas, véase recuadro, página 15.*

### POMMES ALLUMETTES

Deslice la patata sobre la cuchilla fina agujereada colocada a 3 mm de grosor. Las *pommes pailles*, patatas paja, se hacen de la misma manera, con la rampa colocada en línea con la cuchilla recta.

### POMMES FRITES

Corte la patata con la cuchilla gruesa agujereada a 5 mm de grosor.

### POMMES GAUFRETTES

Corte la patata con el cortador ondulado colocado a 1 mm de grosor y tire la primera rodaja. Dé a la patata un giro de 90° y corte la siguiente rodaja. Corte así toda la patata girándola 90° tras cada corte.

### POMMES SOUFFLES

Estas rodajas son un poco más gruesas. Córtelas con la cuchilla recta colocada a 3 mm de grosor.

## PATATAS VIEJAS

*Estas patatas se encuentran en el mercado de otoño a primavera. El contenido de almidón aumenta con la madurez de la patata.*

CARA: piel y pulpa blanca, textura jugosa. Apropiada para hervir y hornear.
DESIRÉE: piel roja, pulpa clara. Para hervir y hornear.
KING EDWARD: piel blanca con manchas rosas, textura harinosa. Para hacer puré, freír, asar y hornear.
MARIS PIPER: piel blanca, pulpa crema, textura harinosa. Para hevir, freír y hornear.
PENTLAND SQUIRE: piel blanca, pulpa crema, textura harinosa. Para puré, asar y hornear.
RÓMANO RED: piel roja, pulpa crema, textura suave y seca. Para hervir.

## PATATAS NUEVAS

*Disponibles a mediados de primavera y todavía no están maduras. Tienen un sabor dulce y una textura cérea.*

ESTIMA: piel amarilla clara, pulpa pálida y cremosa, textura compacta y jugosa. Para hervir, freír y hornear.
JERSEY: piel amarilla, pulpa crema y cérea. Para hervir y para ensaladas.
MARIS BARD: piel blanca, pulpa blanca. Para hervir y para ensaladas.
ROCKET: piel blanca, pulpa blanca, compacta y cérea. Para hervir y para ensaladas.
WILJA: piel amarilla, pulpa amarillo pálido, textura compacta y seca. Para hervir, hacer puré, freír y hornear.

*ALLUMETTES*

*FRITES*

*PONT NEUF*

*GAUFRETTES*

*SOUFFLES*

# SETAS

El término «seta» se utiliza en general para definir los hongos comestibles. Hay tres grandes categorías de setas comestibles: los champiñones blancos cultivados, las setas exóticas cultivadas como la *shiitake*, las setas de cardo y las setas silvestres, como los rebozuelos, las *ceps* o setas de calabaza y las trufas.

### TRUCOS DE COCINERO

## CHAMPIÑONES FINAMENTE PICADOS

Un método rápido para trocear los champiñones para la *duxelles* consiste en utilizar dos cuchillos de cocinero sujetos con una mano. Sujete las puntas de los cuchillos con la otra mano y píquelos con un movimiento de balanceo. De esta forma se reduce el tiempo que los champiñones están expuestos al aire y no se oxidan. Si quiere una *duxelles* bien blanca, utilice solamente los sombreros de los champiñones.

## PREPARAR LOS CHAMPIÑONES CULTIVADOS

*Se pueden comer crudos o cocidos. Los champiñones blancos se cultivan en compost pasteurizado, por lo tanto tan sólo hay que pasarles un lienzo. Si están muy sucios, se les da un enjuague rápido. Los champiñones pequeños se pueden dejar enteros o partir por la mitad, los más grandes se pueden cortar en láminas o trocear.*

**1** Corte el extremo leñoso del pie con un cuchillo pequeño. Reserve los pies para utilizarlos en caldos y sopas.

**2** Limpie los champiñones con papel de cocina húmedo y quite el compost que tenga pegado.

**EN LÁMINAS**
Ponga el champiñón con la parte del tallo hacia arriba sobre una tabla. Córtelo longitudinalmente con un cuchillo de cocinero.

## PREPARAR SETAS SILVESTRES

*Las setas silvestres frescas se estropean muy rápidamente, así que hay que comérselas lo antes posible. Si las guarda por poco tiempo, póngalas en la nevera dentro de una bolsa de papel. La mayoría de setas silvestres no deben lavarse ni pelarse, pero, por si acaso, pregúntelo antes en la frutería.*

**1** Con suavidad, cepille la tierra que tenga la seta con un cepillo pequeño o un lienzo limpio. Cuide de no dañar la delicada carne del sombrero.

**2** Corte las puntas leñosas de los pies con un cuchillo pequeño; deje la mayor cantidad de carne posible. Muchas setas silvestres se dejan enteras o se parten por la mitad para conservar su bonita forma, pero también se pueden cortar en láminas de la misma manera que los champiñones cultivados.

## PREPARAR LAS SETAS ORIENTALES

*Las setas orientales denominadas orejas se suelen vender secas. Al igual que las setas secas del siguiente apartado, hay que reconstruirlas antes de cocinarlas para que se hinchen y formen oscuros lóbulos gelatinosos cinco veces más grandes que su tamaño desecado. Se utilizan salteadas, en sopas y en braseados.*

Remoje las setas, enjuáguelas bien debajo del grifo del agua fría para eliminar la tierra de las hendiduras. Séquelas bien con un lienzo y corte y tire los pies. Córtelas en rodajas o trocéelas según indique la receta escogida.

### SETAS SILVESTRES

SETA DE CALABAZA: en italiano *porcini*, cerdito; esta seta tiene una forma regordeta y un sombrero bulboso.

REBOZUELO: dorada y cóncava con sabor a albaricoque.

COLMENILLA: sombrero delgado y cónico con el exterior acanalado, con una dulce intensidad similar a la de las trufas.

LENGUA DE GATO: seta carnosa de color crema con pequeñas espinas blancas debajo del sombrero.

## RECONSTITUIR LAS SETAS SECAS

*Hay muchas variedades de setas que se compran secas. Entre ellas se encuentran variedades orientales como la shiitake y las pleurotas, las silvestres colmenillas, rebozuelos y setas de calabaza. Las setas silvestres secas son caras, pero su sabor es muy concentrado, por lo tanto simplemente añadiendo a un plato una pequeña cantidad ya se consigue aportar un sabor profundo y delicioso. Añádalas a salsas, sopas, tortillas, rissotos, salsas para pasta y salteados.*

1 Ponga las setas en un cuenco y cúbralas con agua templada. Remójelas 35-40 minutos o hasta que se hayan ablandado.

2 Escúrralas y exprímalas para extraerles el líquido. Cuélelo y utilícelo junto con las setas.

### PRIMERO LA SEGURIDAD

Si coge setas silvestres no coma las que no esté totalmente seguro de que son comestibles. Las setas silvestres hay que comérselas cuanto antes porque se deterioran con mucha rapidez.

## TRUFAS

*Hay dos tipos principales de trufas: la trufa negra francesa del Périgord y la blanca del Piamonte, en el norte de Italia. La trufa negra se come cruda, en rellenos y en salsas, braseada u horneada en hojaldres. La blanca se suele comer cruda.*

**Superior a inferior, de izquierda a derecha:** *shiitake*, pie azul, rebozuelo, orejitas, lengua de gato o gamuza

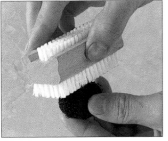

**LIMPIAR UNA TRUFA NEGRA**
Cepille con cuidado la trufa con un cepillo. Si quiere, puede quitar la piel con un mondador y después picarla y utilizarla en otros platos.

**CORTAR UNA TRUFA**
Con un mondador, corte las trufas negras y las blancas en rodajas lo más finas posible. Utilice las virutas para cocinar o espolvoreadas crudas en platos de pasta, *risotto*, polenta y tortillas.

# VAINAS

Las vainas se clasifican en dos tipos: las que se comen tempranas y con sus vainas, por ejemplo los tirabeques, las judías de enrame, las judías verdes y el quingombó; y las que se dejan madurar para sacar las semillas de la vaina, por ejemplo los guisantes y las habas.

---

### GUISANTES

*Algunas variedades de guisantes, como los tirabeques y algunos guisantes de jardín, se cultivan para cosecharlos tempranos y con sus vainas. Solamente hay que quitarles el filamento lateral para comerlos crudos en ensalada o cocidos. Otros se cosechan más tarde, cuando las vainas están llenas. Este tipo de guisantes se sacan de la vaina y éstas se tiran. Los dos tipos quedan mejor ligeramente cocidos, bien al vapor, hervidos o salteados.*

**QUITAR LOS HILOS DE LAS VAINAS**
En el caso de los tirabeques y otras variedades, rompa el pecíolo y estire el filamento.

**DESGRANAR**
Presione la base de la vaina del guisante para abrirla, pase el pulgar por la vaina para retirar los guisantes.

---

### JUDÍAS VERDES

*Las judías verdes de enrame y las boby se pueden comer enteras con la vaina. Las de enrame son anchas y planas y tienen semillas púrpura moteadas. Antes de cocerlas hay que quitarles el filamento y trocearlas. Las boby son largas y redondeadas y simplemente hay que cortarles las puntas. Se pueden dejar enteras, pero también se pueden cortar en trozos pequeños o en diagonal.*

1 Quite el pecíolo de la judía verde y estire el filamento de la vaina. Haga lo mismo con la otra punta.

2 Córtelas en diagonal con un cuchillo de cocinero. Si se van a cocinar con métodos de cocción rápidos, por ejemplo rehogadas, córtelas en trozos pequeños.

---

### HABAS

*Las habas tempranas son blandas y tiernas y se pueden comer enteras. Siempre hay que cocerlas o hervirlas al vapor, ya que algunas contienen toxinas que solamente se neutralizan al cocerlas. Las habas maduras son más duras y hay que sacarlas de la vaina y pelarlas como explicamos a continuación.*

Quite las habas maduras de la vaina igual que los guisantes (*véase* superior) y tire las vainas. Para pelarlas, blanquee las habas y con un cuchillo pequeño haga un corte en un extremo. Apriete el otro extremo con los dedos para que salga el haba.

## QUINGOMBÓ

*El quingombó, también conocido como ocra, se suele servir cocido, generalmente entero en platos salteados y troceado en curry y en guisos. Se trata de una hortaliza muy popular en la cocina caribeña por su propiedad natural para espesar (véase recuadro, derecha).*

Para cocer un quingombó entero, corte el extremo del tallo y recorte para obtener una forma cónica. Así, se evita que la vaina se agujeree y suelte sus jugos pegajosos (*véase* recuadro, derecha).

# MAÍZ

El maíz se puede comer entero. Generalmente, la panocha sin la farfolla se hierve y se sirve entera con mantequilla, o se desgrana y se cocinan los granos. En la cocina mexicana, la farfolla se utiliza para hacer tamales.

## MAZORCAS Y GRANOS

*La mazorca de maíz se puede hervir o hacer a la barbacoa, en ambos casos hay que quitarle la farfolla y los filamentos, o se puede desgranar y utilizar los granos por separado.*

**1** Para arrancar las farfollas, estírelas con fuerza.

**2** Quite los filamentos. La mazorca ya está lista para hacerla entera.

**3** Para desgranarla, sujete la panocha por el extremo del tallo y córtela con golpes suaves.

## UTILIZAR LAS FARFOLLAS DE MAÍZ

*En México, las farfollas de maíz secas se utilizan para hacer tamales (véase receta, recuadro, derecha). Puesto que ocasionalmente se encuentran secas, aquí las hemos utilizado frescas. Después de arrancarlas de las mazorcas (véase paso 1, superior), séquelas en el horno a 150 °C unos 30 minutos.*

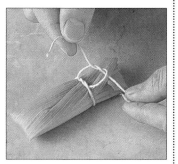

**1** Ponga un trozo de masa de harina de maíz en el extremo más ancho de la farfolla. Con una cuchara, vierta por encima un poco de relleno picante.

**2** Envuelva el relleno con los dos lados largos de la farfolla. Después doble los dos más cortos y ate el paquete con un bramante.

### TAMALES

40 farfollas de maíz secas o frescas
175 g de manteca
450 g de harina de maíz molida
3 dientes de ajo picados
1 cebolla picada
$^{1}/_{4}$ cucharadita de clavo molido
$^{1}/_{4}$ cucharadita de canela molida
2 cucharadas de mantequilla
450 g de cerdo picado
1 guindilla roja sin semillas y
   finamente picada
sal y pimienta recién molida

Si utiliza farfollas secas, remójelas en agua fría durante 1 hora. Antes de rellenarlas, ponga las farfollas planas para que se sequen. Mezcle la manteca y la harina de maíz hasta que forme una masa. Ponga un trozo pequeño de dicha masa en la parte más ancha de la farfolla para hacer un rectángulo.

Para el relleno, sofría el ajo, la cebolla y las especias en mantequilla. Añada el cerdo y la guindilla y cueza hasta que la carne esté dorada, unos 5 minutos. Sazone bien. Con una cuchara, ponga el relleno en el centro de la masa.

Envuelva las farfollas alrededor del relleno y átelas con un bramante. Cuézalas al vapor 1 hora. Antes de servir, quíteles el bramante. Abra las farfollas; el relleno se come con los dedos.

# LA FAMILIA DE LAS CEBOLLAS

Estas hortalizas son esenciales para dar un sutil sabor o como ingrediente principal. Si se preparan correctamente, desprenden mejor su sabor y se digieren con más facilidad.

## CEBOLLAS SIN LÁGRIMAS

Una vez cortadas, el olor de las cebollas puede resultar bastante fuerte y los aceites volátiles que desprenden pueden picar a los ojos y hacerlos llorar. Varios remedios pueden contribuir a aliviar este problema.

Uno de los métodos consiste en pelar las cebollas sumergidas en un recipiente con agua y dejar que el agua del grifo corra mientras se van troceando.

Otro consiste en dejar la raíz intacta mientras se corta (*véase inferior*). Masticar un trozo de pan mientras se cortan o trocean también puede ayudar.

## PELAR Y CORTAR CEBOLLAS

*Todas las cebollas deben pelarse antes de utilizarse. Aquí mostramos la técnica para cortar en anillos una cebolla entera. En el caso de cebollas más pequeñas y con forma de media luna, córtelas por la mitad, ponga la parte cortada hacia abajo y corte rodajas verticales.*

1 Quite el extremo de la raíz sin cortarlo totalmente. Pele la cebolla con un cuchillo pequeño.

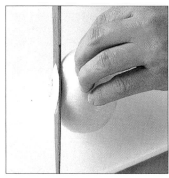

2 Corte el extremo duro de la raíz con un cuchillo de cocinero. Resérvelo para utilizarlo en caldos.

3 Sujete la cebolla y córtela en rodajas. Separe las rodajas en anillos.

## CEBOLLAS CORTADAS EN DADOS

*En muchas recetas las cebollas se trocean o cortan en dados. Su tamaño depende del grosor de los primeros cortes. Deje el extremo de la raíz intacto para que la cebolla no se deshaga mientras la trocea; además, así también evitará que le haga llorar (véase recuadro, superior).*

1 Corte la cebolla pelada longitudinalmente por la mitad. Ponga la parte cortada hacia abajo y haga una serie de cortes horizontales sin cortar la raíz.

2 Haga una serie de cortes verticales sin cortar la raíz.

3 Sujete bien la cebolla sobre la tabla y córtela transversalmente en dados. Si quiere obtener dados más pequeños, continúe troceando hasta que tengan el tamaño deseado. El extremo duro de la raíz se puede reservar para utilizarlo en caldos.

## PREPARAR CEBOLLITAS

*Estas cebollas pequeñas quedan muy bien braseadas enteras o encurtidas. Su piel es muy fina y puede resultar difícil de pelar. Si primero se ponen en agua caliente para que la piel se despegue un poco, será más fácil pelarlas.*

**1** Ponga las cebollas en un cuenco y cúbralas con agua caliente. Déjelas en remojo unos minutos hasta que la piel se empiece a ablandar.

**2** Escúrralas, póngalas debajo del grifo de agua fría y pélalas con un cuchillo pequeño. Conserve todo el extremo del tallo que pueda para que el centro no se salga. Tire las pieles.

## AJO MACHACADO

*Escoja cabezas regordetas y duras y, antes de pelarlas, separe los dientes.*

**1** Ponga la parte plana de un cuchillo de cocinero sobre un diente de ajo y golpéelo con el puño.

**2** Pele el diente de ajo y córtelo longitudinalmente por la mitad. Quite el brote verde central.

**3** Pique el diente de ajo moviendo el cuchillo hacia delante y hacia atrás con un movimiento de balanceo.

## CORTAR PUERROS

*Los puerros limpios se suelen cocer enteros, se brasean en caldo o se hornean y gratinan. Los puerros en rodajas se utilizan en quiches o se incorporan a sopas y guisos. Los puerros cortados en dados se utilizan en la cocina francesa clásica como aromatizante (véase página 166). Si se van a cocer enteros, hay que lavarlos muy bien para quitar la tierra que puede haber entre las hojas.*

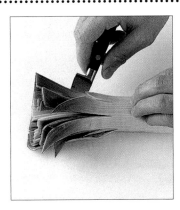 

**1** Haga unos cortes en la parte verde del puerro; enjuáguelo con agua fría para quitarle la tierra.

**2** Córtelo por la mitad. Ponga la parte cortada hacia abajo y luego córtelo transversalmente en trozos anchos o estrechos.

## CORTAR LAS CEBOLLAS TIERNAS AL ESTILO ORIENTAL

*Las cebollas tiernas se utilizan mucho en la cocina oriental, especialmente en los salteados rápidos y en las sopas. Las cebollas tiernas cortadas en rodajas o en tiras, con las partes blancas y verdes, también se utilizan como condimento y como guarnición de platos de arroz y pasta, o esparcidas sobre el pescado al vapor o braseado y en platos de carne.*

**CORTAR EN TIRAS**
Quite la parte verde oscura. Corte la parte blanca longitudinalmente por la mitad y después en tiras.

**CORTAR EN ÁNGULO**
Empiece por la parte verde y corte en ángulo utilizando la línea de los nudillos como guía. Córtela hasta el extremo de la raíz y tire la raíz.

# HORTALIZAS EXÓTICAS

Cada vez se encuentran más hortalizas de África, Asia, Sudamérica y Oriente Próximo en nuestros mercados. A veces son variedades exóticas de hortalizas familiares para nosotros como las berenjenas o los rábanos, pero también hay especies completamente nuevas que deben prepararse y cocinarse de forma diferente. En la página siguiente mostramos una serie de algas marinas secas.

**1 BERENJENAS** Hay muchas variedades de berenjenas además de la mediterránea que todos conocemos. Todas se preparan de la misma forma (*véase* página 26).

**2 BERENJENAS AMARILLAS Y BLANCAS** Es muy probable que una de las palabras inglesas que significa berenjena *eggplant* (planta de huevo) se llame así por la forma y el color de esta variedad africana.

**3 RAÍZ DE LOTO** Esta verdura, utilizada en la cocina china, forma al cortarla unas bonitas tiras que parecen bordadas. Antes de hacerla, hay que pelarla y la carne se puede cortar y hacer al vapor o salteada.

**4 BERENJENAS GUISANTE** Se trata de la variedad de berenjena más exótica y proviene de Tailandia. Se utiliza entera en el curry, también puede reducirse a puré para añadir a salsas picantes.

**5 COLOCASIA** La piel dura de esta raíz tropical se ha de pelar. La carne se puede cortar a trozos y puede hornearse o hervirse.

**6 MANDIOCA** Tubérculo que contiene almidón, parecido a la patata y que proviene de África y Sudamérica. Se pela y cocina como las patatas.

**7 BERENJENA TAILANDESA** Esta berenjena verde se prepara como la blanca y la púrpura. La carne se corta en rodajas y después se fríe u hornea. También se utiliza para encurtir.

**8 SALSIFÍ** También se conoce como planta de la ostra porque supuestamente su sabor se parece al de la ostra. Se pela, se corta en trozos pequeños y se hierve.

## ALGAS SECAS

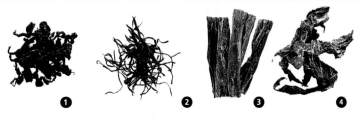

**1 WAKAME** De sabor suave. Queda bien en ensaladas, sopas y salteados. Se puede tostar y desmenuzar sobre platos de arroz.

**2 ARAME** De sabor delicado. Se utiliza en la sopa japonesa *miso*.

**3 KOMBU** Una especie de *kelp* seco que se utiliza para elaborar el *dashi* japonés.

**4 DULSE** De sabor salado y picante, queda especialmente bien en salteados y ensaladas.

**9 MOOLI** Esta hortaliza, también llamada rábano blanco y *daikon*, se utiliza mucho en la cocina oriental. Se puede cortar en tiras finas y comer cruda o en rodajas finas para saltear o cocer al vapor.

**10 LUFA** Calabaza comestible que se suele utilizar en la cocina oriental. Se ha de pelar y se puede cocer al vapor o saltear.

**11 MELÓN CHINO AMARGO** Calabaza comestible del Lejano Oriente, cuya carne debe salarse para extraer sus jugos amargos. Después la carne se saltea o se fríe removiendo al estilo oriental.

**12 ARRURUZ DE LAS ANTILLAS** Raíz dura de piel fuerte que se utiliza en salteados del sudeste asiático. Una vez pelada, la carne se puede cortar a tiras o en dados.

**13 ÑAME** Tubérculo de África occidental y del Caribe que se puede preparar y cocinar como las patatas.

**14 RÁBANO CARAMBANO** También llamado rábano verde, es una hortaliza asiática bastante amarga que se emplea para encurtidos y conservas, pero que también se puede cortar en rodajas muy finas y saltear.

**15 JUDÍA VERDE EXTRALARGA** Hortaliza asiática que se puede cocer entera o troceada en diagonal como la judía de enrame.

**16 TARO** Raíz dura y harinosa del sudeste asiático y de la India. Se ha de pelar, cortar en rodajas o a trozos y hervir.

**17 COLIRRÁBANO** Se trata de una hortaliza europea poco usual que se ha de preparar y cocinar como los nabos (*véase* página 14).

# HORTALIZAS DE FRUTO

Las hortalizas de fruto, consideradas frutas por los botánicos porque contienen sus propias semillas, se preparan en la cocina como las hortalizas. Para los pimientos y chiles que también contienen sus propias semillas, *véanse* páginas 28-29.

## PELAR, QUITAR LAS SEMILLAS Y PICAR TOMATES

*Aunque los tomates a menudo se comen crudos u hornean enteros, en las recetas de salsas, sopas y guisos se suelen utilizar tomates pelados, sin semilla y picados, como, por ejemplo, la concassée francesa de tomates. Antes de blanquearlos hágales un corte en forma de cruz en la base. Es mejor quitarles las semillas amargas.*

**1** Practique un corte en forma de cruz y blanquéelos en agua hirviendo durante 10 segundos. Escúrralos y sumérjalos en agua helada.

**2** Saque los tomates del agua y pélelos con la punta de un cuchillo pequeño.

**3** Corte el tomate por la mitad. Coja una de las mitades y exprímala para extraer las semillas; haga lo mismo con la otra mitad. Quite el corazón.

**4** Ponga cada mitad de tomate con la parte cortada hacia abajo, córtela en tiras y éstas transversalmente en dados.

## MANZANAS DEL AMOR

El tomate llegó a Europa desde el Nuevo Mundo en el siglo XVI, después de que Hernán Cortés conquistase México. Uno de los primeros nombres que tuvo fue «manzana del amor», *pommes d'amour* en francés. Puede que este nombre se debiese a su fama de afrodisíaco. Es posible que las primeras variedades fuesen de color amarillo anaranjado y de ahí su nombre italiano *pomodoro*, «manzana dorada», o que el nombre *pomi di mori*, «manzanas moras», reflejase la ruta que lo trajo a Europa a través de España.

*Hernán Cortés (1485-1547)*

## SALAR BERENJENAS

*Para la mayoría de platos no es necesario pelar las berenjenas. Sin embargo, las berenjenas pueden tener jugos amargos que es mejor eliminar antes de cocinarlas. A esta técnica se le denomina salar y se aconseja en el caso de que las berenjenas se frían en aceite, pues endurece la carne, absorbiendo menos aceite durante la cocción.*

Corte la berenjena en rodajas. Ponga las rodajas en una sola capa en un colador. Espolvoree las rodajas uniformemente con sal y deje reposar unos 30 minutos. Enjuague las berenjenas con agua fría y séquelas antes de freírlas.

## PREPARARLAS PARA HORNEAR

*Para asegurarse de que la carne de las berenjenas partidas por la mitad se cuece uniformemente, se hacen unos cortes profundos en la superficie cortada. Puede perfumar la carne introduciendo láminas muy finas de ajo en las incisiones antes de hornearla.*

Quite el tallo y el cáliz (el sombrerito que hay alrededor del tallo) y corte la berenjena longitudinalmente por la mitad con un cuchillo de cocinero. Practique unos cortes en forma de cruz en la superficie con un cuchillo puntiagudo y sálelas.

# PREPARAR LA CALABAZA

*La calabaza de verano de piel blanda que se puede comer cruda, como los calabacines, no se suele pelar. Las calabazas de invierno, como la calabaza común y la bonetera, tienen una piel dura que se ha de pelar y una carne compacta que se ha de cocinar. Las calabazas pequeñas se pueden partir por la mitad antes de cocinarlas, pero las grandes se suelen cortar en dados.*

### CALABAZA DE BELLOTA

Corte la calabaza longitudinalmente por la mitad, a través del tallo. Con una cuchara, quite las semillas y la pulpa fibrosa y pele la piel.

### CALABAZA PEREGRINA

Parta la calabaza por la mitad. Pélela y trocee la carne.

### ESPAGUETIS DE CALABAZA

Corte una calabaza longitudinalmente por la mitad y con una cuchara quite las semillas. Pincele las superficies cortadas con aceite de oliva y sazónelas bien. Hornee a 180 ºC 30 minutos. Con un tenedor, saque la carne; formará unos hilos parecidos a los espaguetis.

# PREPARAR EL PEPINO

*Los pepinos se suelen comer crudos, pero también se pueden reducir a puré para sopas, rellenar y hornear o saltear. En la cocina francesa clásica siempre se pelan y se salan (dégorger).*

Si quiere conseguir un efecto decorativo, pele el pepino con un acanalador, retirando tiras de piel a intervalos regulares. Córtelo en rodajas, sálelo y escúrralo antes de servir.

# DESHUESAR UN AGUACATE

*Los aguacates que se sirven partidos con un aliño en su cavidad central no se pelan. Esta técnica se utiliza para deshuesarlos; también se puede utilizar una cucharilla.*

Corte el aguacate por la mitad alrededor del hueso. Gire las dos mitades hasta que las separe. Con cuidado, clave un cuchillo en el hueso y gírelo un poco para separar el hueso de la pulpa.

# PELAR Y CORTAR UN AGUACATE

*Los aguacates se suelen servir crudos, pero también se pueden cocer ligeramente. Para purés y mojos se saca la pulpa del aguacate partido por la mitad y deshuesado (véase izquierda) y se aplasta. Para las ensaladas, la pulpa se pela y se corta en rodajas o en dados. Si se corta con cuchillo o una cuchara de acero inoxidable y después se pincela la superficie cortada con zumo de limón, el aguacate no se oxida.*

1 Practique unos cortes longitudinales en la piel del aguacate, levante la piel por un extremo y estírela intentando no coger mucha carne.

2 Corte el aguacate longitudinal o transversalmente en rodajas finas hasta el hueso y alrededor de él, para sacar la pulpa. Inmediatamente, pincele las rodajas con zumo de limón.

# PIMIENTOS

El pimiento dulce pertenece a la misma familia que la de los chiles, pero tiene un sabor suave, no picante, que se vuelve más dulce a medida que madura. Se come crudo o cocido y es especialmente sabroso asado (*véase* página 37).

## CORTAR PIMIENTOS EN TIRAS Y DADOS

*Los pimientos se dejan enteros solamente para rellenarlos o asarlos (véase inferior), de lo contrario se cortan en aros, en tiras o en dados para comerlos crudos o cocidos. Antes de cortarlos en tiras o en dados hay que partirlos por la mitad, quitarles el corazón y las semillas.*

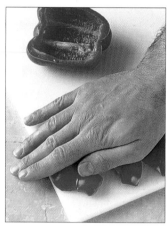

**1** Con un cuchillo pequeño, corte alrededor del pedúnculo, estírelo y tírelo. Corte el pimiento longitudinalmente por la mitad, quite las semillas y las nerviaciones blancas y tírelas.

**2** Ponga el pimiento sobre una tabla con la parte de la carne hacia abajo y aplánelo con la palma de la mano (de esta manera el pimiento se corta mejor).

**3** Con un cuchillo de cocinero, corte cada mitad en tiras longitudinales del mismo tamaño.

**4** Si quiere cortar el pimiento en dados, sujete las tiras y córtelas transversalmente. Si quiere obtener dados más grandes, corte las tiras más anchas.

## COLORES DIFERENTES

Los pimientos pueden ser de diversos colores. Los rojos y los verdes son los más comunes, pero también hay pimientos amarillos, naranjas, púrpuras e incluso blancos. Muchas veces, los diversos tonos indican diferentes estados de madurez. Por ejemplo, el pimiento dulce común está menos maduro cuando está verde; en ese momento tiene sabor a hierba. A medida que madura, el color cambia y puede pasar a ser rojo, amarillo, naranja o púrpura y su sabor es más dulce. En general, los pimientos verdes pequeños son menos dulces y jugosos que los más grandes de otros colores.

## PREPARAR UN PIMIENTO ENTERO PARA HORNEAR

*Los pimientos dulces son perfectos para rellenar y hornear. Son huecos y una vez que se les ha quitado el corazón y las semillas la parte superior cortada hace de tapadera y la piel sin pelar se mantiene compacta alrededor del relleno durante la cocción. La técnica que mostramos a continuación también se utiliza para cortar los pimientos en anillos.*

**1** Corte el cuarto superior del pimiento con el pedúnculo. No lo tire, resérvelo para utilizarlo como tapadera del pimiento relleno durante la cocción.

**2** Quite las semillas con la punta de un cuchillo pequeño o con una cuchara. El pimiento ya está listo para rellenarlo, ponerle la tapa y hornearlo.

# CHILES

Los chiles, extraordinariamente picantes, se han de manipular con cuidado. Al margen de su variedad, tamaño o color, las técnicas para prepararlos son esencialmente las mismas.

## PREPARAR CHILES FRESCOS

*Una vez abiertos, los chiles pueden irritar la piel (véase recuadro, derecha), por lo tanto, hay que prepararlos con cuidado. Una vez cortados, hay que lavar muy bien el cuchillo, la tabla y las manos, cuidando de no tocarse los ojos. Algunos cocineros se ponen guantes de goma para una protección adicional.*

**1** Corte los chiles por la mitad longitudinalmente. Con un cuchillo pequeño, quite las semillas y la membrana.

**2** Aplánelo con la palma de la mano y córtelo en tiras longitudinales con un cuchillo de cocinero.

**3** Si quiere cortarlo en dados, sujete las tiras y córtelas en dados del mismo tamaño.

### ¿QUÉ ES LO QUE PICA?

El intenso sabor picante de los chiles proviene de la capsaicina. Esta sustancia aceitosa está presente en diferentes cantidades en todas las partes del chile, pero especialmente en la membrana y en las semillas. Por esta razón, se suelen quitar estas partes antes de la cocción.

En algunas variedades de chiles, la capsaicina se neutraliza a medida que el fruto madura y no pica tanto. Como norma general, los chiles verdes son más picantes que los rojos y los pequeños más que los grandes, pero no siempre es así. Entre los chiles más picantes están los habaneros y los diminutos ojos de pájaro. Los más suaves son los plátanos dulces y los verdes y finos Anaheim. Pruebe los diferentes tipos hasta que encuentre el más apropiado para sus necesidades; en el mercado aparecen continuamente nuevas variedades.

## REHIDRATAR LOS CHILES SECOS

*Para guisar, se pueden utilizar chiles secos en lugar de los frescos. Los chiles secos se pueden machacar, desmenuzar (con semillas o sin ellas) o remojar y elaborar una pasta como en el ejemplo que aquí mostramos.*

**1** Extienda los chiles secos sobre la placa de hornear y tuéstelos debajo del grill caliente de 3 a 5 minutos, dándoles la vuelta con frecuencia.

**2** Póngalos en un cuenco y cúbralos con agua templada. Remójelos 1 hora.

**3** Escúrralos y macháquelos en un mortero hasta que formen una pasta; después tamice la pasta para eliminar la piel.

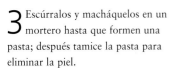

**Superior, de izquierda a derecha:** gorro escocés, jalapeño, serrano. **Inferior:** habanero, ojo de pájaro, chile Caribe.

# Chiles rellenos

*Los chiles rellenos son un plato típico mexicano. En las fiestas es típico servir como aperitivo chiles rebozados en una masa y fritos. A continuación ofrecemos una receta más ligera en la que los chiles se asan y no se rebozan; si lo desea puede realizar ambas preparaciones.*

### PARA 6-8 PERSONAS

*26 chiles variados (jalapeños, poblanos, Anaheim rojos y amarillos, gorro escocés)*

*Aceite vegetal para freír*

*225 g de queso Cheddar rallado*

*225 g de carne blanca de cangrejo (fresca, congelada o enlatada)*

*2 cucharadas de cilantro fresco picado*

*Zumo de ¹/₂ lima*

Prepare los chiles (*véase* recuadro, inferior). Caliente 3 cucharadas de aceite en una sartén y fríalos de 3 a 5 minutos, dándoles la vuelta para que se cuezan uniformemente. No los ponga todos a la vez para que la sartén no esté demasiado llena. Escúrralos sobre papel de cocina.

Para rellenarlos de queso, introduzca con los dedos el queso rallado en los jalapeños y los poblanos, aproximadamente 1 cucharada para los primeros y 3 para los segundos.

Para rellenarlos de cangrejo, quite los trozos de caparazón y de cartílago que puedan quedar en la carne de cangrejo (si utiliza cangrejo congelado o enlatado, escúrralo bien). Desmenuce la carne de cangrejo con un tenedor y mézclela con el cilantro picado y el zumo de lima. Con una cuchara, introduzca el relleno en los chiles Anaheim amarillos y en los gorros escoceses.

Para asarlos a la parrilla (todos los tipos) ponga los chiles sobre una placa de hornear y colóquela debajo del grill caliente unos 2 minutos, el tiempo necesario para que el queso se derrita.

Para freírlos (los jalapeños y los poblanos rellenos y los Anaheim rojos enteros), prepare el rebozado (*véase* recuadro, derecha). Caliente 8 ml de aceite en una sartén grande. Sujete los chiles por sus tallos, introdúzcalos en la masa del rebozado y fríalos hasta que estén dorados, unos 2-3 minutos. Escúrralos sobre papel de cocina antes de servirlos.

### MASA PARA FREÍR CHILES

*100 g de harina*
*Una pizca de sal*
*1 huevo*
*100 ml de leche*

Ponga la harina y la sal en un cuenco y haga un hueco en el centro. Bata ligeramente el huevo y viértalo en él. Mezcle gradualmente la harina de los lados con el huevo con la ayuda de una cuchara de madera. Cuando casi todo esté incorporado, añada la leche batiendo hasta conseguir una masa homogénea. Si es necesario, tamícela para eliminar los grumos.

### Preparar los chiles

*La técnica que explicamos a continuación es apropiada para los jalapeños y los poblanos, así como para los Anaheim rojos. La forma del chile se mantiene, por lo que se pueden rellenar enteros. En el caso de los chiles cuyo extremo superior es redondeado como los Anaheim amarillos y los gorros escoceses, corte la parte superior y saque las membranas y las semillas. Reserve los sombreros para utilizarlos como tapas.*

Haga un corte longitudinal a un lado del chile con un cuchillo pequeño. Con los dedos, abra con cuidado el corte para exponer las semillas y el centro del chile.

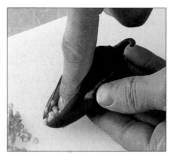

Pase el dedo por el interior del chile de arriba hacia abajo para sacar las semillas. Lávese bien las manos a continuación porque los aceites volátiles de los chiles son irritantes.

# HOJAS DE ENSALADA

Para que una ensalada quede bonita no sólo hay que mezclar una serie de hojas.
Las hojas han de estar frescas y tiesas y perfectamente limpias y secas. A continuación
explicamos las técnicas que se utilizan para conseguirlo.

## TRUCOS DE COCINERO

### ESCURRIDORA DE ENSALADA

La escurridora de ensalada seca las hojas sin dañarlas. Ponga las hojas en el cestillo, tape y dé vueltas a la manivela para que el cestillo gire. El agua se escurre en el recipiente inferior.

## PREPARAR LA LECHUGA

*Las lechugas tienen una parte central dura y amarga que es preferible retirar. Siempre hay que lavar las hojas para quitarles la tierra y secarlas muy bien. Si queda agua en la hojas, éstas se marchitarán y el agua diluirá el aliño.*

**1** Tire las hojas exteriores estropeadas. Sujete la lechuga en una mano y la parte central dura en la otra y retuérzala.

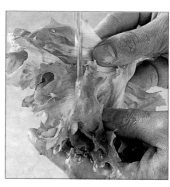

**2** Enjuague bien las hojas debajo del grifo y póngalas brevemente en un cuenco con agua fría.

**3** Ponga las hojas sobre un lienzo y séquelas (o utilice una escurridora de ensalada, *véase* recuadro, izquierda). Para que queden bien crujientes, refrigérelas 30 minutos como mínimo.

## PREPARAR UNA ENSALADA VARIADA

*Elija hojas de sabores, colores y texturas complementarias. Bata el aliño en la ensaladera.*

Desgarre las hojas con las manos sobre la ensaladera; no las corte porque se estropearían. Mezcle las hojas con el aliño hasta que estén cubiertas con él.

**Círculo exterior, de izquierda a derecha:** hoja de roble, iceberg, lechuga arrepollada, *lollo rosso*, escarola de Batavia, *radicchio*, escarola, cogollo.
**Círculo interior, de izquierda a derecha:** romana, berros, *lollo biondo* verde.
**Centro:** mostaza.

# HIERBAS FRESCAS

Las hierbas frescas son plantas aromáticas que aromatizan y decoran tanto los platos fríos como los calientes. A continuación explicamos cómo se pican, se cortan en tiritas y con tijeras. Para otras técnicas en las que se utilizan hierbas, *véanse* páginas 42-44.

## PREPARAR LAS HIERBAS FRESCAS

*Para que aporten su sabor al máximo, utilice hierbas frescas inmediatamente después de haberlas recolectado. Generalmente, sólo se utilizan las hojas, aunque a veces también se incluyen los tallos. El aroma proviene de los aceites esenciales que desprenden al cortarlas.*

**PICAR**
Separe las hojas de los tallos, amontónelas y píquelas con un cuchillo de cocinero.

**EN TIRAS**
Las tiras quedan bien con las hierbas de hoja blanda. Amontone las hojas y enróllelas. Córtelas transversalmente.

**CORTAR CEBOLLINOS CON TIJERA**
Sujete un ramillete de cebollinos sobre un cuenco o tabla y córtelos en trocitos pequeños con unas tijeras.

## FINAS HIERBAS

*Esta clásica mezcla de cuatro hierbas está formada por cantidades iguales de cebollino, perifollo, perejil y estragón. Los cebollinos se han de cortar con tijera y el resto se ha de picar finamente. Las finas hierbas siempre se han de añadir al finalizar la cocción.*

Corte los cebollinos con unas tijeras (*véase* superior, derecha). Ponga las hojas de perifollo, perejil y estragón sobre una tabla y píquelas juntas. Antes de utilizarlas, mézclelas con los cebollinos.

## PREPARAR UN RAMILLETE DE HIERBAS AROMÁTICAS

*La mezcla clásica para este ramillete aromático es tomillo, laurel, perejil y apio envueltos en la parte verde de un puerro y atados con un cordel. Se utiliza en platos de cocción lenta a los que gradualmente imparte su sabor.*

Para preparar este ramillete de hierbas se envuelve una hoja de laurel, un ramito de romero y otro de tomillo y unos cuantos tallos de perejil con la hoja verde de un puerro y se ata con un cordel. Para retirar fácilmente el ramillete al finalizar la cocción, deje un extremo largo de cordel y átelo al asa de la olla o ponga el ramillete en una bolsa de muselina.

## COCER CON HIERBAS FRESCAS

No todas las hierbas actúan de la misma manera al cocinarlas. Con nuestras explicaciones sacará el máximo partido de cada tipo de hierba.

- El sabor de las hierbas frágiles como la albahaca, el eneldo y la menta disminuye cuando se calientan, por lo tanto, es mejor añadirlas al finalizar la cocción. Por el contrario, las hierbas fuertes como el tomillo y el romero quedan mejor en cocciones lentas porque de esta manera su aroma penetra lentamente en los alimentos.
- La forma en que se corta una hierba también afecta su intensidad. Picar las hierbas en un mortero o en un robot acentúa su sabor. Las hierbas cortadas en tiras tienen un sabor menos profundo; este método es más apropiado para las hierbas de hoja blanda como la albahaca.
- Las hierbas delicadas pueden oscurecerse si se pican con demasiada antelación, especialmente la menta. Para que conserven su color, córtelas antes de utilizarlas.

# HERVIR

Las hortalizas hervidas tienen un sabor natural. Las hortalizas de raíz se han de poner en agua fría y llevarlas lentamente a ebullición. Por el contrario, las verdes se han de poner en agua hirviendo.

## TUBÉRCULOS

*Es importante cocer bien los tubérculos. Si no están lo bastante cocidos quedan duros, y si están demasiado hervidos pierden textura y sabor, incluso pueden quedar demasiado blandos.*

**2** Cuézalas lentamente hasta que estén blandas, de 12 a 20 minutos, según la clase de tubérculo o raíz. Para saber si están cocidas, pinche el centro con la punta de un cuchillo: ha de entrar con facilidad.

**1** Ponga las hortalizas en una cacerola. Cúbralas con agua fría y sálelas al gusto. Lleve el agua a ebullición y tape la cacerola.

## VERDURAS

*Cuando sólo se hierven hasta que están tiernas, las verduras tienen un color intenso, conservan gran parte de sus nutrientes y un sabor muy fresco. Si se cuecen en exceso, pierden color y se ablandan.*

**1** Ponga agua en una olla grande y llévela a ebullición. Sale al gusto y añada las verduras. Hiérvalas sin tapar hasta que estén tiernas, 1-4 minutos.

**2** Escurra las verduras y póngalas en un cuenco con agua helada para enfriarlas. Escúrralas y sírvalas frías o caliéntelas otra vez con aceite o mantequilla.

## ESPÁRRAGOS

*Los espárragos se hierven con las yemas hacia arriba para que los tallos se cuezan en el agua hirviendo y las yemas con el vapor de la superficie. Esta olla para cocer al vapor es especial para los espárragos, pero también se pueden cocer en una sartén honda y en posición horizontal.*

Ponga los manojos de espárragos (*véase* página 11) con las yemas hacia arriba en la cesta de la olla para cocer al vapor. Vierta 10 cm de agua en la olla, llévela a ebullición y sale al gusto. Ponga la cesta dentro de la olla, tápela y deje cocer lentamente hasta que los tallos estén tiernos, de 5 a 7 minutos. Saque la cesta, escurra los espárragos y sírvalos con mantequilla derretida o con una salsa holandesa.

# COCER AL VAPOR

Las hortalizas cocidas al vapor producido por agua apenas agitándose quedan tiernas pero crujientes y conservan todos sus nutrientes. Puede utilizar un tamiz dispuesto sobre una cacerola o un recipiente especial para cocer al vapor como éste.

## MÉTODO CONVENCIONAL

*Con una olla de acero inoxidable con una cesta acoplada que se puede levantar, resulta fácil cocer al vapor varias hortalizas juntas (zanahorias, calabacitas y judías verdes). El agua ha de agitarse suavemente, no debe hervir. No sale las hortalizas, pues pierden humedad y color.*

1 Lleve 2,5 cm de agua a ebullición en el recipiente inferior. Introduzca la cesta con las hortalizas.

2 Cuando el vapor empiece a subir, tape y cueza las hortalizas hasta que estén tiernas (*véase* tabla, derecha).

3 Saque la cesta y enfríe las hortalizas debajo del grifo del agua fría. Vuélvalas a calentar y sazónelas.

### TIEMPOS DE COCCIÓN AL VAPOR

- BRÉCOL / COLIFLOR / JUDÍAS VERDES 8 minutos

- CALABAZA 5 minutos

- COLES DE BRUSELAS / COL / ZANAHORIAS / HINOJO 10 minutos

- ESPINACAS 1-2 minutos

- GUISANTES 2-3 minutos

- PATATAS (NUEVAS) 12 minutos

## VERDURAS COCIDAS AL VAPOR EN CESTA DE BAMBÚ

*Los recipientes orientales para cocer al vapor se acoplan perfectamente a los woks o cacerolas y se pueden apilar para cocer diferentes alimentos por separado. Si quiere que las verduras tengan un aroma y un sabor delicado, añada condimentos al agua antes de que hierva, como un ramillete de hierbas aromáticas, pimienta en grano, anís, hierba de limón y cilantro.*

1 Ponga las hortalizas más duras en la cesta inferior y las más tiernas en la superior. Cubra la base de un *wok* con agua y llévela a ebullición.

2 Ponga las cestas sobre una trébede dispuesta en el *wok*. Tápelas y cuézalas al vapor hasta que estén tiernas (*véase* recuadro, superior derecha).

# ASAR Y HORNEAR

Muchas hortalizas, especialmente las raíces fibrosas y los tubérculos y las hortalizas de fruto, quedan muy bien asadas u horneadas con una salsa. El largo tiempo de cocción hace que queden tiernas e intensifica su sabor.

## TIEMPOS DE COCCIÓN

*Los tiempos que damos a continuación son para asar hortalizas con aceite de oliva a 200 °C (véase página siguiente). Todos los tiempos son aproximados.*

- BERENJENAS 30 minutos

- BONIATOS 45 minutos

- CALABAZA DE INVIERNO 45 minutos

- CHIRIVÍAS 30–45 minutos

- NABOS 30–45 minutos

- ZANAHORIAS 45 minutos

## PATATAS ASADAS

*Si desea que las patatas queden crujientes por fuera y blandas y cremosas por dentro, el truco consiste en hervirlas ligeramente, dejarlas enfriar y después asarlas. Es esencial que el aceite y el horno estén muy calientes. Para otro método alternativo de asar patatas, véase página siguiente.*

**1** Pele las patatas. Deje las pequeñas enteras y trocee las grandes. Hiérvalas en agua salada durante 10 minutos, escúrralas y déjelas enfriar.

**2** Entalle las patatas con un tenedor (para que queden crujientes). Vierta 1 cm de aceite en la fuente de hornear y caliente el horno a 200 °C.

**3** Añada las patatas a la fuente y déles la vuelta para que se cubran de aceite. Vuelva a poner la fuente en el horno y ase las patatas durante 1-1 ¼ horas, dándoles vuelta dos veces. Escúrralas.

## FLORES DE AJO ASADAS

*El ajo asado tiene un sabor más suave y dulce que el crudo y se puede utilizar como deliciosa guarnición y como aromatizante. Ase las cabezas de ajo enteras con la piel al mismo tiempo que la carne. Cortadas decorativamente en forma de flor, constituyen una atractiva guarnición.*

Corte la parte superior de las cabezas de ajo, cortando los dientes. Póngalas en una fuente refractaria con la parte cortada hacia arriba. Pincélelas con aceite de oliva y áselas a 180 °C unos 50 minutos.

## REMOLACHA ASADA

*La remolacha asada no se pela para que no desprenda sus jugos. Corte la parte superior, pero deje los tallos intactos.*

Envuelva la remolacha en papel de aluminio y ásela a 150 °C durante 1-1½ horas. Déjela enfriar y pélela. Antes de servirla, póngale un poco de mantequilla y sazónela con pimienta negra y sal marina gruesa.

# PIMIENTOS ASADOS

Los pimientos asados tienen un sabor muy dulce y ahumado. Siempre se pelan y su carne, que queda bastante blanda, se corta en tiras o en dados para degustarla sola o como ingrediente de otros platos.

**1** Ponga el pimiento en la fuente del horno. Áselo a 200 °C, unos 10-12 minutos, o hasta que la piel esté quemada; déle la vuelta una vez.

**2** Ponga el pimiento en una bolsa de plástico, anúdela y deje enfriar el pimiento.

**3** Sáquelo de la bolsa, levante la piel quemada con un cuchillo puntiagudo y pélelo.

# ASAR CON ACEITE DE OLIVA

Este método rápido y fácil para asar hortalizas se utiliza mucho en los países mediterráneos. Para que las hortalizas tengan mejor sabor, utilice aceite de oliva extra virgen de muy buena calidad, sal marina gruesa, pimienta negra recién molida y hierbas como romero y tomillo.

### PATATAS
Ponga trozos de patata, *pommes châteaux* como aquí (*véase* página 16), en la fuente del horno. Rocíelas con 2-4 cucharadas de aceite de oliva, hierbas frescas picadas y sazónelas con sal y pimienta al gusto; mézclelas bien. Áselas a 200 °C unos 45 minutos, hasta que estén doradas; déles la vuelta una vez.

### RATATOUILLE
Ponga rodajas de calabacín, pimientos, berenjenas y cebollas en la fuente del horno y añada un ramillete de hierbas aromáticas (*véase* página 33). Rocíe con 3-4 cucharadas de aceite de oliva, ajo machacado y sal y pimienta al gusto; mézclelo todo bien. Ase a 180 °C durante 1 hora y déles la vuelta una o dos veces.

# PATATAS GRATINADAS

Gratinar consiste en dorar una preparación en un recipiente poco hondo, cubriéndola con queso hasta que queda dorada y crujiente. Las patatas en el clásico gratin dauphinois (*véase* recuadro, derecha) se hierven ligeramente en leche antes de asarlas. De esta manera, tienen un sabor más suculento y se cuecen en el tiempo previsto.

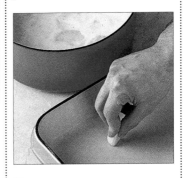

### UNA PIZCA DE AJO
Para obtener un sutil sabor a ajo, corte un diente de ajo por la mitad y friegue la superficie cortada por la fuente. El jugo del ajo no es tan fuerte como su carne.

## GRATIN DAUPHINOIS

1 kg de patatas
1 ramillete de hierbas aromáticas
nuez moscada recién molida
sal y pimienta blanca
500 ml de leche
1 diente de ajo partido por la mitad
25 g de mantequilla ablandada
150 ml de crema de leche espesa
100 g de queso Gruyère rallado

Pele las patatas y córtelas en rodajas finas. Hierva la leche en una cacerola, añada el ramillete de hierbas y la nuez moscada, sal y pimienta al gusto. Agregue las patatas, deje que la leche vuelva a hervir otra vez, baje el fuego y cuézalas 10-15 minutos. Escurra las patatas y reserve la leche. Friegue el ajo por el interior de una fuente refractaria de 22 × 33 cm. Engrásela con mantequilla, ponga capas de patatas y sazone cada una. Añada la crema a la leche, hiérvala y viértala sobre las patatas. Esparza por encima el queso Gruyère rallado y hornee a 200 °C unos 40 minutos. Para 4 personas.

# FREÍR

Las hortalizas se pueden freír en abundante aceite o por inmersión, en poco aceite o pueden freírse a la vez que se remueven. También se fríen como parte de otro proceso de cocción: cuando se prepara una cacerola. Las verduras que vayan a freírse han de cortarse en trozos para que no se quemen por fuera antes de cocerse por dentro.

## ABLANDAR Y GLASEAR

*Estas dos técnicas se utilizan en la cocina francesa. Las hortalizas troceadas en dados (véase mirepoix, página 14) se ablandan antes de empezar a preparar la sopa, para que se cuezan en sus propios jugos y conserven su sabor sin dorarse. Para evitar la evaporación, se tapan con papel sulfurizado y para que éste se ajuste al recipiente se puede doblar formando un cartucho (véase recuadro, izquierda). El glaseado es la técnica clásica que se utiliza para aportar el toque final a las hortalizas torneadas (véase página 15), dándoles un aspecto atractivo y brillante.*

**ABLANDAR**

Derrita 1-2 cucharadas de mantequilla en una cacerola. Ponga las hortalizas, rocíelas con agua, sazónelas. Cúbralas con papel sulfurizado. Cuézalas a fuego lento.

**GLASEAR**

Derrita 2 cucharadas de mantequilla con 1 de agua y 1 de azúcar. Añada las hortalizas y cuézalas a fuego vivo; remueva unos 2-3 minutos.

## TORTITAS DE HORTALIZAS

*Las hortalizas cortadas en juliana y unidas con una masa se pueden freír para obtener tortitas crujientes o el rösti. En este caso, se ha empleado una mezcla de patatas, zanahorias y calabacines.*

**1** Prepare una masa con 50 g de harina y 1 huevo y sazónela al gusto. Añádale 250 g de hortalizas en juliana. Vierta cucharadas de la mezcla en una sartén antiadherente con aceite caliente.

**2** Fría las tortitas a fuego moderado, déles la vuelta una vez con una espátula, hasta que estén crujientes y doradas por ambos lados, 3-4 minutos. Escúrralas bien antes de servirlas.

## FREÍR REMOVIENDO

*Esta técnica oriental es excelente para las hortalizas, ya que quedan crujientes, llenas de nutrientes y color. Para obtener los mejores resultados, córtelas en juliana o en lazos (véanse páginas 14-15).*

Ponga unas hortalizas firmes preparadas (aquí zanahorias y tirabeques) en un poco de aceite en un *wok*. Fríalas removiéndolas a fuego vivo 2 minutos, añada las blandas, como brotes de soja, y prosiga removiendo 1 minuto. Sazónelas y sírvalas inmediatamente.

# FREÍR PATATAS POR INMERSIÓN

*La forma francesa de freír las patatas por inmersión consiste en freírlas dos veces para que queden muy crujientes. Primero se fríen hasta que se ablandan, se dejan enfriar y se vuelven a freír a una temperatura más alta. Para cortarlas de diferentes formas, véase página 17. Los nidos de patata se utilizan en la cocina francesa clásica para albergar hortalizas minúsculas y cortadas en dados; el molde en forma de nido que se necesita para cocerlas se puede comprar en tiendas de utensilios de cocina.*

**1** Caliente el aceite a 160 °C. Sumerja las patatas en el aceite durante 5-6 minutos. Sáquelas y déjelas enfriar, aumente la temperatura del aceite a 180 °C y fría las patatas otra vez hasta que estén crujientes, 1-2 minutos.

**2** Saque la cesta del aceite y escurra todo el aceite que pueda. Vierta las patatas sobre papel de cocina para que absorba el resto de aceite. Sálelas antes de servirlas.

NIDOS DE PATATA
Presione patatas paja (*véase página 17*) en un molde de nido. Fríalas por inmersión a 180 °C durante 3 minutos hasta que estén crujientes y doradas. Escúrralas y sáquelas del molde.

## PRIMERO LA SEGURIDAD

- Utilice una freidora honda o una sartén honda, de fondo grueso.
- No llene más de la mitad de la freidora con aceite y los woks un tercio. Utilice un *wok* con dos asas.
- Seque bien los alimentos antes de freírlos para que el aceite no salpique.
- El mango de la sartén siempre ha de estar hacia adentro.
- Limpie inmediatamente el aceite que haya salpicado y asegúrese de que en el exterior de la sarten no hay grasa.
- Nunca deje una sartén al fuego sin vigilarla.
- Tenga cerca una manta para el fuego.

## A LA PARRILLA

*Con esta técnica se utiliza una parrilla para freír las hortalizas y para marcar su superficie con la parrilla.*

# ALGAS CRUJIENTES

*Aunque se sirven con el nombre de algas, esta especialidad china es en realidad un plato de hojas de col verde cortadas muy finas y fritas hasta quedar crujientes. Cuanto más seca está la col, es más fácil conseguir un «alga» crujiente sin perder su profundo color verde.*

**1** Llene un tercio de un *wok* con aceite y caliéntelo a 180 °C. Reduzca el fuego ligeramente y añada las tiras verdes a puñados. Remuévalas constantemente con unos palillos para que se separen.

**2** Sáquelas con una espumadera en cuanto empiece a oír un ligero tintineo y escúrralas bien. Sírvalas calientes, con sal y azúcar al gusto. Si quiere, también puede espolvorearlas con un condimento chino especial, en este caso, pescado frito molido.

Corte las hortalizas (aquí hinojo, calabacín, berenjena y pimiento rojo) en trozos y mézclelas con aceite de oliva, zumo de limón, hierbas frescas picadas y condimentos. Caliente la parrilla. Ponga las hortalizas sobre la parrilla y cuézalas 5 minutos hasta que estén tiernas.

# PURÉS DE HORTALIZAS Y MOLDES

Las hortalizas cocidas y blandas son una guarnición muy típica para la carne, las aves y el pescado y ofrecen un contraste de color y textura. Se pueden reducir a puré o se les puede dar forma en moldes y luego hornearlas.

## PURÉ DE PATATAS

Para conseguir un buen puré de patatas hay que utilizar las patatas harinosas adecuadas (*véase* página 17). Una vez hecho el puré, escoja uno de los ingredientes —todos son variaciones sobre el mismo tema— para conseguir una preparación suave y cremosa. Antes de servirlo, sazónelo al gusto con sal y pimienta recién molida.

- Leche caliente y una cantidad generosa de mantequilla sin sal; también puede agregar crema de leche.
- *Crème fraîche* y aceite de oliva.
- Aceite de oliva y ajo picado.
- Leche caliente cremosa o crema de leche y pulpa de ajo asada (*véase* página 36).
- Crema de leche o leche cremosa, mantequilla sin sal y queso Gruyère rallado.

## COCER LAS ESPINACAS

Lave bien las espinacas y parta las hojas. Aunque las espinacas se pueden cocer en abundante agua hirviendo es mucho mejor hacerlas al vapor o saltearlas para que conserven sus vitaminas, minerales y color. Si las cuece al vapor, no ha de ponerles más agua que la que se queda en las hojas al lavarlas, se harán en unos pocos minutos. Si las saltea, cuézalas rápidamente, sin dejar de removerlas, en un poco de aceite de oliva.

## PREPARAR PURÉS

*Para reducir a purés las hortalizas de hoja (véase inferior) puede utilizar un robot eléctrico o una batidora. Para los tubérculos cocidos, como las zanahorias, puede utilizar un aparato eléctrico, pero si las aplasta y después las tamiza, conseguirá una textura más delicada; utilice un tamiz de tambor con una malla muy fina. Nunca ponga las patatas en un aparato eléctrico pues quedan muy pastosas; utilice un pasapurés o aplastador. Si quiere obtener un puré con una textura muy fina, utilice un tamiz de tambor o un pasapurés.*

**TAMIZ DE TAMBOR**
Sujete bien el tamiz sobre un cuenco y presione las hortalizas cocidas contra la malla con una rasqueta de plástico.

**PASAPURÉS**
Ponga las patatas cocidas en el pasapurés colocado sobre un cuenco; gire la manivela para que las patatas pasen del pasapurés al cuenco.

## TIMBALES

*Los purés de hortalizas, por ejemplo el de las espinacas, quedan muy bien si se cuecen en pequeños moldes individuales que se vuelcan al servirlos. Otras hortalizas apropiadas son las zanahorias, el brécol y los guisantes. Si quiere, puede enfondar el molde con hojas de espinacas blanqueadas; esto queda especialmente bien si el puré del molde es de un color que contraste con las hojas.*

**1** En una batidora reduzca a puré 300 g de espinacas cocidas, 3 huevos, 250 ml de crema de leche y sal y pimienta al gusto. Viértalo en flaneras enmantecadas de 150 ml.

**2** Ponga los moldes en un baño María y hornéelos a 190 °C durante 10 minutos, o hasta que el puré esté compacto y al introducir una broqueta ésta salga limpia.

**3** Saque los moldes del baño María y páseles un cuchillo por el interior para separar el puré. Ponga el molde boca abajo sobre un plato y con cuidado vuelque el puré.

# PURÉS

Reducir a puré los ingredientes que se han cocido en un caldo, agua o leche y después enriquecerlos con crema de leche o huevos o ambos, es una manera sencilla de hacer sopas, que se puede aplicar a casi cualquier combinación de ingredientes, incluso frutas, lo que constituye además una forma muy práctica de utilizar los restos de verdura.

## CÓMO PREPARAR LOS PURÉS DE HORTALIZAS

*Estos purés se hacen con una hortaliza como las zanahorias o con varias. Los puerros y las cebollas se suelen añadir para dar sabor. La técnica consiste en cocerlas hasta ablandarlas para poder reducirlas a puré con facilidad. Para enriquecer el puré, véase página siguiente.*

**1** Ablande las hortalizas cortadas a dados en mantequilla a fuego moderado y remuévalas frecuentemente, de 3 a 4 minutos.

**2** Añada el caldo hasta que queden cubiertas y sazone al gusto. Cuézalas a fuego lento hasta que estén blandas: 20 minutos.

**3** Páselas por la batidora hasta obtener un puré, vuelva a calentarlo en una cacerola limpia. Compruebe si está bien sazonado.

### SOPAS DE FRUTAS

El método de reducir a puré va muy bien para las sopas de frutas. Sustituya el caldo por vino o zumo de fruta. Para hacer refrescantes sopas veraniegas que se sirven muy frías, empareje frutas complementarias aderezadas con hierbas frescas o especias. Pruebe las siguientes combinaciones:

- Guindas y nectarina.
- Frambuesas, fresas, canela y nectarina.
- Fresas y ruibarbo.
- Melón, mango y albahaca.
- Manzana, pera y canela.
- Melocotón blanco, albaricoque y cardamomo.
- Papaya, melocotón y menta.

## MÉTODOS ALTERNATIVOS PARA REDUCIR A PURÉ

*Las mezclas de hortalizas se pueden reducir a puré de varias maneras, según los ingredientes que tengan. Las fibrosas como las judías verdes y el apio, y las de piel como los pimientos y las habas, tienen que batirse y tamizarse una vez cocidas pero antes de añadir el caldo.*

**ROBOT ELÉCTRICO**
Se puede utilizar en lugar de la batidora normal, pero las hortalizas deben reducirse a puré para evitar que éste salpique.

**BATIDORA DE MANO**
Es muy útil para batir pequeñas cantidades de sopa con rapidez. Las sopas calientes se baten en la olla; las frías en un cuenco grande.

**PASAPURÉS**
Va muy bien para las texturas duras porque las fibras se quedan en el aparato. Escurra las hortalizas antes de pasarlas por el pasapurés.

**TAMIZ DE MALLA FINA**
Es esencial para las verduras con piel como los pimientos amarillos asados que se muestran aquí. Restriegue la carne por el colador y tire la piel que queda en él.

# AROMATIZANTES

Ciertas hierbas, especias y condimentos caracterizan cocinas concretas. Por ejemplo, el pesto es puramente italiano, el jengibre sugiere a Oriente y la menta es muy popular en Oriente Medio. Los cocineros modernos apenas reconocen las fronteras y fusionan ingredientes de Oriente y de Occidente.

## MEZCLAS DE CURRY

Aunque el término curry muchas veces se aplica para definir una sola especia, en realidad se refiere a una mezcla de especias. El curry es famoso principalmente por su utilización en la cocina india, pero en muchas otras cocinas orientales también se utilizan diferentes polvos y pastas de curry.

Los currys indios en polvo, denominados *masalas*, son mezclas picantes de especias nativas. Suelen incluir pimienta, cardamomo, canela, comino y cilantro (*véase* página siguiente).

Los platos tailandeses se caracterizan por sus picantísimos currys. Son comunes las pastas de curry elaboradas con ajo, hierba de limón, chiles, galanga, pasta de gambas, salsa de pescado, cilantro y cáscara de limón. La pasta de curry verde que aparece en la fotografía inferior se prepara con chiles verdes frescos y para la roja se utilizan los picantísimos chiles ojo de pájaro.

El curry chino en polvo es una mezcla suave que lleva canela, semillas de hinojo y cilantro, anís, pimienta de Sichuan, cúrcuma y jengibre. También se puede añadir una pequeña cantidad de chile molido.

## PREPARAR JENGIBRE

*El rizoma fresco de jengibre se utiliza en muchos platos orientales para impartir un sabor especiado ligeramente picante. Escoja trozos gruesos con la piel lisa y uniforme. La pulpa amarilla pálida es ligeramente fibrosa. Para conservarlo fresco, pele sólo la parte que vaya a utilizar. El jengibre pelado se puede cortar en rodajas, picar, rallar y machacar.*

**PELAR LA PIEL**
Utilice un cuchillo de carnicero de hoja afilada y pesada para raspar la piel más dura.

**RALLAR LA PULPA**
Lo más genuino es rallarlo con un *oroshigane* o rallador de madera japonés, pero también puede utilizar uno metálico.

## PREPARAR LOS AROMATIZANTES

*Estos ingredientes ofrecen los sabores característicos de la cocina tailandesa. La hierba de limón, el cilantro y la galanga son condimentos que se pueden encontrar frescos en establecimientos especializados. El tamarindo se puede comprar en sus vainas, en trozos prensados o concentrado. De las vainas se obtiene agua agria de tamarindo.*

**HIERBA DE LIMÓN**
Golpee los tallos para extraer el sabor y utilícelo en un curry; o píquelo finamente para saltearlo.

**TALLOS DE CILANTRO**
Recorte los tallos y las raíces y píquelos. Utilícelos en un curry para obtener un sabor penetrante.

**GALANGA**
La galanga, parecida al jengibre pero más picante, se pela primero y después se corta, en rodajas.

**TAMARINDO**
Saque la pulpa de la vaina; póngala a remojar en agua caliente media hora. Utilice el líquido.

**PASTA DE CURRY VERDE**

**PASTA DE CURRY ROJA**

## PREPARAR GARAM MASALA

*Esta mezcla de especias, cuyo nombre significa «mezcla picante de especias», es típica de la cocina del norte de la India y tiene muchas variantes. Asar las especias antes de molerlas intensifica su sabor.*

**1** Mezcle macís, canela, hoja de laurel, cardamomo, comino, pimienta en grano y cilantro; remuévalo todo a fuego lento hasta que las especias se oscurezcan.

**2** Cuando se enfríen, ponga las especias tostadas en un mortero y macháquelas con la mano de mortero hasta reducirlas a polvo. Guárdelas en un recipiente herméticamente cerrado.

## PREPARAR ALGAS SECAS

*Las algas secas se utilizan en la cocina japonesa. Las algas* nori *tostadas pueden desmenuzarse sobre los platos o para envolver alimentos; las algas* wakame *se utilizan en sopas, ensaladas y salteados.*

### NORI
Tueste las láminas de *nori* sobre la llama del fuego o en el horno, para que tengan un sabor dulce y delicado.

### WAKAME
Ponga a remojar en agua caliente las tiras de *wakame* para reconstruirlas; escúrralas bien antes de utilizarlas.

## REMOJAR AZAFRÁN

*Esta especia cara y de tonos dorados se vende en hebras finas que se han de remojar antes de utilizarlas si se desea que impartan color y sabor.*

Ponga unas hebras de azafrán en un cuenco y vierta agua caliente por encima. Déjelas remojar 10 minutos y escúrralas. Utilice el líquido en salsas y en un curry.

## TOSTAR EL SÉSAMO

*El sésamo, condimento de la cocina china, queda más sabroso al adquirir un sabor a nueces cuando se tuesta. Aquí se ha utilizado un* wok *y palillos, pero también puede emplear una sartén y una cuchara de madera.*

Caliente el *wok*, pero sin que humee; ponga un puñado de sésamo y remuévalo constantemente a fuego lento hasta que se dore, con los palillos.

### UNA SELECCIÓN DE ESPECIAS Y SEMILLAS ASIÁTICAS

## CONDIMENTOS ORIENTALES

Estos ingredientes de sabor intenso son tan esenciales en la cocina asiática como la pasta de curry.

CINCO ESPECIAS CHINAS: mezcla aromática finamente molida de anís estrellado, semillas de hinojo, fagara, casia y clavo. Se utiliza en toda China y en Vietnam, generalmente con carne asada y aves y en marinadas.

SIETE ESPECIAS JAPONESAS: una mezcla de *sansho* (pimienta japonesa), algas, chiles, cáscara de naranja, semillas de amapola y de sésamo blancas y negras. Esta mezcla se suele espolvorear sobre pastas y sopas.

WASABI: condimento picante que generalmente se sirve con *sushi* o *sashimi* o combinado con aliños y salsas a base de mayonesa. Se puede rallar fresco a partir del raiforte o se puede preparar a partir de polvo mezclado con agua.

## RAMITOS DE HIERBAS

*La mezcla de hierbas más conocida es el bouquet garni o ramillete de hierbas aromáticas. Esta clásica combinación de tomillo, laurel, perejil y apio se envuelve en una hoja de puerro y se utiliza para aromatizar diferentes platos. A continuación presentamos algunas sugerencias para preparar ramilletes de hierbas para platos determinados.*

AVES: tallos de apio con un ramito de perejil, de tomillo, de mejorana, de estragón y una hoja de laurel. Para las aves de caza añada granos de enebro y envuelva el conjunto en una bolsa de muselina.

BUEY: cáscara de naranja, romero, tomillo y perejil.

CERDO: ramitas de salvia fresca, tomillo y mejorana.

CORDERO: ramitas de romero, tomillo, ajedrea, menta y perejil.

PESCADO Y MARISCO: estragón, eneldo y cáscara de limón.

PLATOS DE HORTALIZAS Y LEGUMBRES: hoja de laurel, ajedrea, salvia, mejorana, orégano y perejil.

## MEZCLAS DE HIERBAS

*Los cocineros occidentales utilizan combinaciones específicas de hierbas para condimentar ciertos platos. Los platos de la cocina francesa se suelen perfumar con hierbas de Provenza y una persillade, mientras que las especialidades italianas como el osso bucco se sirven con una penetrante gremolada.*

### PICAR LA CÁSCARA DE LIMÓN PARA LA GREMOLADA

Balancee una media luna sobre la cáscara de limón.

### HIERBAS DE PROVENZA

Se trata de una mezcla de hierbas frescas o secas compuesta de tomillo, romero, laurel, albahaca, ajedrea e incluso lavanda. Es un condimento delicioso para el cordero y el cerdo asado.

### GREMOLADA

Aromatizante de Milán que se suele preparar con cáscara de limón, ajo y perejil finamente picados. Añádalo al final de la cocción del *osso bucco* y otros guisos italianos.

### PERSILLADE

Es una mezcla de perejil y ajo picado que se suele añadir a los platos un poco antes de finalizar la cocción. Para los rellenos se mezcla con pan rallado.

## PREPARAR PESTO

*Para hacer la cantidad suficiente de pesto para 250 g de pasta, utilice 60 g de albahaca fresca, 4 cucharadas de aceite de oliva extra virgen, 4 cucharadas de parmesano rallado, 2-4 dientes de ajo y 30 g de piñones. Prepare las pequeñas cantidades a mano y las grandes con el robot.*

### A MANO

Machaque la albahaca, el queso, el ajo y los piñones en un mortero. Añada el aceite para formar una pasta granulada.

### A MÁQUINA

Bata la albahaca, los piñones, el queso y el ajo con la mitad del aceite en un robot; añada lentamente el resto del aceite.

# PREPARAR UNA SALSA DE TOMATE

*Una salsa de tomate rápida es indispensable; no sólo se puede utilizar en pizzas, pasta, verduras y carnes, sino que además constituye la base de muchos platos clásicos europeos. En este caso se han utilizado tomates maduros de pera; en invierno utilice tomates enlatados.*

**1** Sofría en aceite de oliva y a fuego moderado ajo, cebolla y zanahoria finamente picados de 5 a 7 minutos.

**2** Agregue tomates maduros picados, un poco de azúcar, sal y pimienta. Cueza hasta que se ablanden, 10-15 minutos.

**3** Compruebe la sal y la pimienta. Utilice la salsa tal y como está o, para quitar la piel y las semillas, pásela por un tamiz para que tenga la consistencia de un *coulis*.

# MEZCLAS DE ESPECIAS

*Estas mezclas aromáticas son muy apreciadas por los cocineros europeos, que las utilizan para condimentar platos de carne y aves, además de pasteles, galletas y budines. La antigua mezcla de especias inglesa para encurtir se utiliza en vinagres y en una variedad de condimentos.*

**MOLER**
**LAS ESPECIAS**
Los molinillos eléctricos de especias o de café muelen con rapidez las especias hasta reducirlas a polvo fino.

**MEZCLA DE ESPECIAS**
También especias de budín. Muela 1 cucharada de semillas de cilantro, 1 cucharadita de malagueta, 1 de clavos y una rama de canela; mézclelos con 1 de nuez moscada rallada y con 2 de jengibre molido.

**ESPECIAS PARA ENCURTIR**
Mezcle 2 cucharadas de jengibre molido con 1 de pimienta negra en grano, 1 de semillas de mostaza blanca, 1 de chiles secos, 1 de malagueta, 1 de semillas de eneldo y 1 de macís machacado. Añada 1 rama de canela machacada, 2 hojas de laurel machacadas y 1 de clavo.

**CUATRO ESPECIAS**
Es la mezcla de cuatro especias. Mezcle 1 cucharada de pimienta negra en grano, 2 cucharaditas de clavos enteros y 2 de nuez moscada rallada con 1 de jengibre molido. También se puede utilizar malagueta y canela.

**MEZCLA DE ESPECIAS**

**ESPECIAS PARA ENCURTIR**

**CUATRO ESPECIAS**

# VAINILLA

*Tanto la vaina como las semillas de la vainilla se pueden utilizar como aromatizantes; las semillas imparten un sabor más intenso que la vaina.*

**ABRIR LA VAINA**
Córtela por la mitad; póngala en infusión con leche caliente durante 30 minutos o cúbrala con azúcar.

**SACAR LAS SEMILLAS**
Con un cuchillo, raspe la vaina partida y saque las semillas; utilícelas como una vaina.

# HIERBAS Y ESPECIAS

Las hierbas frescas y las especias aromáticas aportan una valiosísima adición a la cocina, lo que confiere a los platos un sabor peculiar y sus características étnicas. Estas tablas ayudan a emparejar los aromatizantes con los alimentos que más realzan.

## GUARDAR LAS HIERBAS

Las hierbas no se conservan muy bien, por lo tanto es mejor utilizarlas inmediatamente después de recogerlas. Los siguientes métodos de conservación ayudan a mantenerlas frescas y prolongarlas, técnicas esenciales durante los meses de verano si tiene un huerto con hierbas.

• Para guardarlas un par de días, ponga las hierbas frescas recién recolectadas en bolsas de plástico en la nevera. Las variedades delicadas como la albahaca se conservan mejor si se envuelven en servilletas de papel humedecidas antes de ponerlas en las bolsas.

• Para secar las hierbas, cuélguelas por los tallos en una habitación seca y bien ventilada. Esta posición concentra el sabor en las hojas. Una vez secas, almacénelas en recipientes herméticamente cerrados.

• Las hierbas frescas se pueden congelar con excelentes resultados. Para que tengan mejor sabor, utilice hierbas jóvenes recolectadas antes de que florezcan. Recoléctelas a primera hora de la mañana cuando el rocío ya se ha secado y las hojas están en su punto más aromático. Quite las hojas y píquelas (el laurel, el romero, la salvia y el tomillo no se deben picar, pero sí se pueden cortar en ramitas pequeñas). Ponga las hierbas troceadas en cubiteras, cúbralas de agua helada y congélelas. Cuando los cubitos se hayan solidificado, póngalos en bolsas de plástico para congelar; ya están listos para ponerlos en líquido directamente del congelador. Las ramitas de hierbas se han de congelar en recipientes herméticamente cerrados.

## LAS HIERBAS Y SUS USOS

| | SABOR | UTILÍCELAS CON |
|---|---|---|
| AJEDREA DE JARDÍN | Penetrante, a limón | Legumbres, judías verdes, habas, huevos, queso, carnes al grill, salsa de tomate |
| ALBAHACA | Dulce, cálido, ligeramente especiado, aromático | Pescado blanco, ternera, pollo, marisco, ensaladas, huevos, tomates, pesto y otras salsas para pasta |
| CEBOLLINO | Suave, a cebolla | Pescado, huevos, queso, ensaladas, sopas cremosas, patatas |
| CILANTRO | Intensamente aromático, especiado | Platos asiáticos, de Oriente Medio y mexicanos, zanahorias, ensaladas de yogur |
| ENELDO | Delicado, anisado | Salmón, arenques en escabeche, ternera, zanahorias, pepinos, patatas, mayonesa, crema agria, quesos frescos blandos |
| ESTRAGÓN | Aromático, anisado, refrescante | Pollo, huevos, tomates, bearnesa |
| HINOJO | Anisado | Sopas de pescado, cerdo, marisco, huevos |
| HOJAS DE CURRY | Picante, a curry | Currys indios, guisos, sopas, marisco, rellenos |
| LAUREL | Aromático, penetrante | Sopas, caldos, cacerolas, guisos, salsas (especialmente bechamel) |
| MEJORANA/ORÉGANO | Dulce, aromático, penetrante | Carnes al grill, pollo, salsa de tomate, huevos, queso, aceites aromatizados y marinadas |
| MENTA | Fuerte, dulce, limpio | Pepino, patatas, guisantes, queso, melón, sopas frías, cordero, yogur |
| PEREJIL | Fresco, ligeramente especiado | Huevos, pescado, sopas, aves, carne |
| PERIFOLLO | Delicado, ligeramente anisado | Pescado, pollo, tortillas, salsas |
| ROMERO | Penetrante, aceitoso, aromático | Cordero, pollo, cerdo, pan, patatas |
| SALVIA | Aromático, ligeramente amargo | Cerdo, ternera lechal, pato, oca, pavo, legumbres, huevos, ricotta, queso parmesano, risotto, pasta |
| TOMILLO | Intensamente aromático | Asados de aves y carne, cacerolas, patatas asadas |

## LAS ESPECIAS Y SUS USOS

| | SABOR | FORMA | UTILÍCELAS CON |
|---|---|---|---|
| ALCARAVEA | *Aromático, fuerte, toque de hinojo* | Semillas enteras o molidas | Guisos de carne, salchichas, repollo, cerdo, pan, queso, pasteles de frutas |
| ANÍS ESTRELLADO | *Cálido, aromático, especiado, dulzón* | Semillas enteras, partidas y molidas | Platos de estilo oriental, especialmente chinos, cerdo, pato y pollo, platos de pescado y de marisco, marinadas |
| CANELA | *Dulce, cálido, aromático* | En rama o molida | Platos de Oriente Medio, currys, postres de frutas, pasteles y panes, leche, arroz con leche, postres de chocolate |
| CARDAMOMO | *Penetrante, a limón* | Vainas, semillas sueltas o molidas | Currys indios y de Oriente Medio, guisos, salmueras, pastas, pasteles, platos de fruta, panes rápidos |
| CAYENA/ CHILE EN POLVO | *Muy picante, especiado* | Molida | Platos indios, mexicanos, Cajun, caribeños, criollos, marisco, salsa bearnesa |
| CLAVO | *Dulce, fuerte* | Enteros o molidos | Jamón y cerdo, calabaza, pasteles especiados, manzanas y otras frutas, caldos |
| CILANTRO | *Aromático, a limón* | Bayas enteras o molidas | Platos indios y orientales, carne, pollo, pescado encurtido, champiñones, pan, pasteles, pastas y natillas |
| COMINO | *Penetrante, cálido, a tierra* | Semillas enteras o molidas | Platos indios y mexicanos, cerdo, pollo, cordero, queso, sopas de legumbres, *pilafs* de arroz |
| CÚRCUMA | *Cálido, suave, aromático* | Entera y molida | Añade un característico color amarillo, se utiliza en curry en polvo, arroz, platos de legumbres y *chutneys* |
| ENEBRO | *Penetrante, limpio, con olor a pino* | Bayas | Salchichas, platos de cerdo y de aves de caza, patés, terrinas, especialmente de venado, repollo, rellenos |
| JENGIBRE | *Penetrante, especiado* | Rizoma fresco o molido | Platos orientales e indios, pollo, hortalizas, especialmente calabaza y zanahorias, frutas como melón y ruibarbo, pasteles y galletas |
| MACÍS | *Dulce, aromático* | Hojas enteras o molidas | Igual que la nuez moscada |
| MALAGUETA | *Ligero sabor a clavo y a canela* | Bayas enteras o molidas | Guisos de carne caribeños, aves de caza, cordero, cebollas, repollo, vinagre especiado, frutas escalfadas, pasteles, pan y empanadas |
| MOSTAZA | *Penetrante, picante* | Semillas enteras o molidas | Ternera y cerdo, pollo, conejo, hortalizas, encurtidos y aderezos, salsas y aliños |
| NUEZ MOSCADA | *Dulce, aromática* | Entera o molida | Pastas rellenas, carne, bechamel, gratenes de espinacas y patatas, pasteles y galletas, arroz con leche y natillas, vino caliente |
| PIMENTÓN | *Penetrante, dulce o picante* | Molido | Carne y aves, especialmente platos de Europa oriental, huevos, hortalizas, queso crema |
| PIMIENTA | *Penetrante, suave o picante* | En grano o molida | En casi todos los platos salados y en unos pocos dulces, por ejemplo, con fresas y sorbetes |
| SEMILLAS DE AMAPOLA | *A nuez, dulce* | Enteras y molidas | Pan, pasteles, pastas, ensaladas, ensalada de col, tallarines de huevo, salsas para carne y pescado |
| SEMILLAS DE HINOJO | *Dulce, a regaliz* | | Sopas de pescado y guisos mediterráneos, pescado a la parrilla |

# ÍNDICE